# »Krummer Hund« im Unterricht

## INHALTSANGABE

U.1

Es ist der 15. Januar 2020. Der 15-jährige Daniel Winkler ist mit seiner Mutter in einer Tierarztpraxis. Noch während sein Hund Ozzy eingeschläfert wird, beginnt der Tierarzt namens Thomas König mit seiner Mutter zu flirten. Wutentbrannt zerkratzt Daniel dessen Sportwagen. Als er am selben Tag seinen Hund im Garten begräbt, erscheint ihm sein Vater in einer Vision. Der hatte die Familie verlassen, als Daniel gerade einmal 10 Jahre alt war.

Als Thomas seine Mutter am selben Abend zum Date abholt, ist Daniel überhaupt nicht erfreut: Wie so oft werde es böse enden. Doch am nächsten Morgen turteln seine Mutter und Thomas munter miteinander in der Küche. In der Schule angekommen wird Daniel Zeuge einer Auseinandersetzung zwischen seiner Lehrerin und seiner Mitschülerin Alina. Um Alina ihr Mobbing irgendwann heimzuzahlen, spioniert er ihr mit seinem Freund Edgar inzwischen hinterher.

Als Daniel einige Wochen später seine Mitschülerin Alina beobachten will, trifft er im Park bei ihrem Zuhause einen Obdachlosen, dessen Hund ihn anspringt. Voller Wut tritt Daniel auf ihn ein und schubst den Obdachlosen herum. Nachdem seine Mutter von diesem Vorfall erfahren hat, verdonnert sie ihn zu einem Tag mit Thomas. Der nimmt Daniel mit zu einem verlassenen Parkplatz, wo er mit dessen Sportwagen umherfahren darf. Sein Freund Edgar wiederum nimmt Daniel mit in das Häuschen eines Bekannten, wo sie eine schöne Zeit haben.

Als Alina eine Mitschülerin mobbt, wollen Daniel und Edgar doch zur Party eines Mitschülers gehen, um belastendes Material zu sammeln. Dort taucht Alina überraschend mit ihrem Bruder Pascal auf. Nach der Party hat Daniel einen Filmriss: Woher stammt die Beule an seinem Kopf? Als ein Lehrer die Klasse dann über Pascals Tod informiert, setzen wilde Spekulationen ein. Edgar kann Daniel vorerst nicht erklären, was an dem Abend noch passiert ist. Unterdessen behauptet ein Mitschüler, dass ein Sportwagen an Pascals Tod beteiligt gewesen sei.

Als Daniel Alina die Hausaufgaben vorbeibringt, ist er von ihrem Zuhause ebenso überrascht wie von seiner Mitschülerin: Beide machen plötzlich einen eher ungepflegten Eindruck auf ihn. Unverhofft schickt Alina Daniel später ein Video von Pascal, als Thomas ihn gerade mit einem Grabstein für Ozzy überrascht. Eine weitere Nachricht erhält Daniel, als er mit Edgar Billard spielt. Also trifft er sich mit Alina an der Unfallstelle, wo sie ein Plastikteil finden, das in den beschädigten Scheinwerfer von Thomas' Sportwagen passen könnte. In Daniel lässt das einen bösen Verdacht aufkeimen. Und wieder erhält er eine Nachricht von Alina. Jetzt treffen sie sich an Pascals Grab, wo Daniel Alina vorsichtig in den Arm nimmt.

Als Daniel im Unterricht von seinem Lehrer schikaniert wird, verlässt er wortlos das Klassenzimmer. Auf dem Pausenhof schlägt er wuterfüllt auf seinen Mitschüler Felix ein. Am nächsten Morgen schickt Daniel Alina eine Nachricht, nimmt Thomas' Sportwagen und fährt mit ihr zum Häuschen des Bekannten. Am Kaminfeuer kommt es zum ersten Kuss, bevor Daniel heimlich das Plastikteil aus Alinas Sweatshirt nimmt. Wieder zurück in der Stadt verabschiedet sich Alina mit einem weiteren Kuss von ihm.

Als Daniel das Haus betreten will, findet er seine Mutter an Ozzys Grab. Doch statt ihm wie sonst Vorwürfe zu machen, beginnt sie plötzlich zu weinen. Nach langer Zeit kommt es endlich zu einer Art Aussprache. Daniel beschließt, Thomas mit dem Plastikteil zu konfrontieren. Doch der scheint ihn über die Partynacht aufklären zu können: Daniel sei ausgerastet und habe den Scheinwerfer des Sportwagens selbst beschädigt. Und so steht Thomas' Einzug nichts mehr im Wege. Allerdings hat es Daniel immer noch nicht geschafft, das Plastikteil an den Scheinwerfer zu halten ...

In ihrem Roman »Krummer Hund« beschreibt die Autorin Juliane Pickel einfühlsam das Leben eines Heranwachsenden, der früh auf seinen leiblichen Vater verzichten musste und sich jetzt an eine neue

Vater-Figur gewöhnen muss. Dass der erst seinen Hund einschläfert und dann mutmaßlich auch noch den Bruder einer Mitschülerin überfährt, erleichtert die Annäherung nicht gerade. Und dann ist da auch noch eben jene Mitschülerin, lange gehasst und plötzlich geliebt, was die Dinge nicht gerade leichter macht. Für Spannung ist jedenfalls gesorgt und auch der Humor kommt nicht zu kurz, sodass der Roman seine jugendlichen Leser_innen in seinen Bann ziehen dürfte: Hautnah können sie miterleben, wie es sich anfühlt, unter diesen Bedingungen heranzuwachsen.

## U.2 DIDAKTISCHES PROFIL DES ROMANS

Wie jeder andere Unterricht auch muss die Behandlung eines Jugendbuchs einerseits an die Lernvoraussetzungen der Schüler_innen anknüpfen und damit assimilative Aspekte bieten, andererseits auch zusätzliche Anforderungen an das Verstehen stellen. Das didaktische Potenzial des Buchs als Unterrichtslektüre liegt damit in der Verknüpfung von vertrauten, assimilativen und eher neuen, akkommodativen Aspekten. Vertraute Charakteristika des Textes sorgen dafür, dass die Schüler_innen von sich aus einen Zugang zum Text finden können und dass Anknüpfungsmöglichkeiten für eine eigene Textdeutung vorhanden sind (Assimilation). Dieser Aspekt betrifft das lesefördernde Potenzial. Neue, zusätzliche Anforderungen, die der Text an ein Verstehen der Schüler_innen stellt, betreffen eher den Bereich des literarischen Lernens. Im Überblick lässt sich das didaktische Profil von »Krummer Hund« folgendermaßen darstellen:

| Dimension des Textes | Das Vertraute: Möglichkeit zur Assimilation (Leseförderung) | Das Neue: Notwendigkeit zur Akkommodation (literarisches Lernen) |
|---|---|---|
| **Wirklichkeitsbezug** | ▶ Fiktive Geschichte mit Realitätsbezügen (Schule) | ▶ Evtl. Schauplätze (Schloss, Atelier) |
| **Thematik** | ▶ Familie<br>▶ Wutausbrüche<br>▶ Freundschaft | ▶ Familienkonflikte<br>▶ Mobbing<br>▶ Erste Liebe |
| **Figuren** | ▶ Positive Identifikationsangebote für Mädchen und Jungen, v.a. durch Freunde (Edgar, Jenny)<br>▶ Negative Identifikationsangebote, v.a. durch die Eltern (Daniels, Alinas), einige Lehrer (Mr. Archer) | ▶ Umgang mit ambivalenten Figuren, v.a. Bekannte (Alina) und Liebhaber (Thomas), evtl. Protagonist (Daniel) |
| **Sprache/Stil** | ▶ Intertextuelle Bezüge (Musik, Film, Literatur)<br>▶ Spannungsbögen<br>▶ Stilmittel | ▶ Motiv des Vater-Sohn-Konflikts<br>▶ Schreiben übers Zeichnen |
| **Literarische Formelemente/ Erzählkonzept** | ▶ Textsorten (Nachrichten)<br>▶ Kapitel<br>▶ Ich-Erzähler | ▶ Thriller<br>▶ Paratext<br>▶ Textsorten |

Die Übersicht verdeutlicht die gelungene Mischung aus leseförderndem Potenzial und Notwendigkeiten zur Akkomodation bestehender Verstehensschemata. Besonders geeignet ist »Krummer Hund« für die Klassenstufen 7 bis 9. Die Stärke des Buchs als Unterrichtslektüre liegt inhaltlich im jugendnahen Thema der Familie, wobei die Figuren vielfältige Identifikationsangebote für Schüler_innen bieten. Formal überzeugt das Buch als Thriller, wobei der Spannungsbogen die Leser_innen in seinen Bann zieht. Sprachlich interessant macht das Buch die Verwendung von intertextuellen Bezügen und unterschiedlichen Textsorten, wobei die Einteilung in kürzere Kapitel leseungewohnten Schüler_innen entgegenkommt und eine chronologische, an den Figuren orientierte Herangehensweise erlaubt, die sich über Paratext, Seite 5 bis 12, Seite 5 bis 23, Seite 24 bis 52, Seite 53 bis 103, Seite 104 bis 201, Seite 202 bis 259 an das ganze Buch herantastet.

## LITERARISCHES PROFIL DES ROMANS

u.3

### Themen

In einem ersten Schritt beschreibt der Roman gleich zu Beginn *Familienkonflikte*. Daniel war zehn Jahre alt, als sein Vater die Familie verlassen hat: »Und dann ist er in seinen Schrotthaufen von Auto gestiegen und ist weg, auf Nimmerwiedersehen. Wir haben nie wieder was von ihm gehört« (S. 7). Trotzdem hängt Daniel noch an ihm, wie seine Visionen belegen: »Wenn ich mir meinen Vater mit aller Kraft vorstelle, wenn ich so richtig intensiv an ihn denke, ist er plötzlich da« (S. 14). Seit dem Weggang hat Daniels Mutter einige Liebhaber verschlissen: »Meist sind es Handwerker oder auch mal welche im Anzug, die irgendwas verkaufen« (S. 5 f.). Dabei führt seine Mutter das Scheitern der Beziehungen auf Daniel zurück: »[M]eine Mutter wird mir später sagen, dass ich mit meiner Verschlossenheit die Männer vertreibe« (S. 8). Daniel wiederum macht sich nicht viel aus seiner Mutter: »Manchmal wünschte ich, dass meine Mutter sich damals vom Acker gemacht hätte und nicht mein Vater« (S. 22). Jetzt ist Daniel 15 Jahre alt und der Tierarzt Thomas König tritt in ihr Leben: »[D]er Typ [fragt] meine Mutter, ob sie am Abend mit ihm Sushi essen geht« (S. 5). Daniels Mutter ist angetan: »Meine Mutter betrachtet seine Hände – daran sehe ich, dass sie interessiert ist [...]. Meine Mutter berührt mit der Hand ihr Haar – sie ist sehr interessiert« (S. 5). Daniel hingegen ist angewidert: »Thomas König, Hundemörder, denke ich. Ich hasse beide dafür, dass sie über Sushi reden, während mein Hund [...] jetzt groß und tot auf dem kalten Metalltisch liegt« (S. 6). Thomas' Eintritt wirkt sich indes sogleich positiv aus, sowohl auf Daniels Mutter: »Ich habe sie durch den Flur poltern und lachen hören« (S. 20) als auch auf Daniel: »Der Doc stellt mir ein Glas mit einer rotbraunen Flüssigkeit hin und mustert mich kurz. ›Trink das‹, sagt er, ›das hilft gegen alles.‹ [...] Und ich weiß nicht, warum, aber ich trinke das ganze Glas auf einmal leer. Es hilft« (S. 22 f.). Im weiteren Handlungsverlauf werden sich die Familienkonflikte dann sogar lösen: Daniel wird sich von seinem Vater (und den Visionen) verabschieden, Thomas als Stiefvater begrüßen und sich mit seiner Mutter aussprechen (→ **u.3**/Figuren).

In einem zweiten Schritt beschäftigt sich der Roman mit Negativem wie *Wutausbrüchen* und *Mobbing*. Daniels Anfälle ereignen sich unbewusst: »Es ist nicht so, dass ich diese Sachen tun will. Aber da passiert was mit meinem Körper« (S. 10). Und er beschreibt: »Zuerst wird meine Brust ganz eng [...]. Und dann öffnet jemand ein Ventil [...]. Es ist so unfassbar heiß, dass ich denke, dass es mich von innen verbrennt [...], dann ist es, als würde ein Funke zünden, und direkt unter meiner Schädeldecke gibt es eine strahlend helle und völlig geräuschlose Explosion« (S. 10 f.). Die Attacken von Daniels Mitschülerin Alina von Wildern geschehen dagegen bewusst: »[D]as passiert mir nicht. Das will ich so« (S. 193). Und sie berichtet: »Vielleicht mache ich diese Sachen [...] einfach deshalb, weil ich es kann. Weil es so verdammt leicht ist« (S. 196). Doch Daniel wie Alina geht es um Gefühle; Daniel: »Und erst wenn ich zuschlage, wenn ich fühle, wie meine Faust auf etwas Hartes trifft [...] – dann kann ich aufhören« (S. 11) bzw. Alina: »›Vielleicht mache ich es so lange, bis endlich mal jemand mir in die Fresse haut. Mich schüttelt. Mich ... berührt‹« (S. 196). Und beide reagieren damit auf ihre familiären Verhältnisse, wenn Daniel sich von Mutter (S. 9) wie Vater (S. 10) verlassen fühlt: »Mein Hund ist tot und ich bin allein, und ich kratze einmal um den ganzen Wagen herum und dann noch mal und ich fühle gar nichts dabei« (S. 12) und wenn Alina sich von Vater wie Mutter (S. 192) allein gelassen fühlt: »›Vielleicht würde ich mich dann [nach den Attacken] nicht mehr so fühlen, als wäre ich alleine auf diesem verschissenen Planeten‹« (S. 196). Im weiteren Handlungsverlauf werden sich Wutanfälle und Mobbing dann sogar gegen dasselbe Opfer richten (Mitschülerin Jenny Bluhm, S. 25 f., 78; weitere Anfälle/Attacken → **i.4**).

In einem dritten Schritt umkreist der Roman Positives wie *Freundschaft* und *erste Liebe*. Daniels bester Freund ist sein Mitschüler Edgar: »Mein einziger, um ehrlich zu sein« (S. 18). Beide können miteinander über alles reden und auch schweigen: »Manchmal hört er mir zu, wie ich mich über meine Mutter auskotze und über ihre Männer. Manchmal quatschen wir über jeden Furz, den wir lassen, und manchmal reden wir gar nicht« (S. 18). Und beide haben (eingangs) den Hass auf Alina gemeinsam: »Edgar und ich hassen sie dafür [für die Attacken]. Und zwar richtig. [...] Sie ist unser Projekt [...]. Wir beobachten sie schon eine ganze Weile [...]. Wir werden ihre Schwachstelle finden, und dann werden wir dafür sorgen, dass sie dafür bezahlt« (S. 29). Allerdings entfernt sich Daniel immer weiter von Edgar: »Irgendwann habe ich dann trotzdem das Gefühl, dass ich Edgar das, was ich im Schloss [mit Alina] erlebt habe, nicht so richtig erzählen kann, merke, dass ich Dinge weglasse. [...] Das erste Mal, seit ich Edgar kenne, denke ich, dass er eventuell nicht verstehen würde, was ich meine« (S. 106). Gleichzeitig nähert sich Daniel immer weiter Alina an, wenn er erst für sie fühlt: »Das Haus der Prinzessin [das Schloss] steht auf dem Kopf und da oben am Himmel, da kommt sie mit ihrem Fahrrad durchs Tor gefahren. Sie fährt falsch rum auf dem Himmel entlang und davon – und ich bin froh, dass sie nicht auch tot ist« (S. 35) und dann über sie denkt: »Und ab und zu denke ich übrigens darüber nach, wie es sich anfühlen würde, sie zu küssen« (S. 164). Später vergleicht er die ›schlechte‹ Hitze der Wut mit der ›guten‹ Hitze der ersten Liebe: »[D]as ist so ähnlich wie das Gefühl, kurz bevor es losgeht mit meinen ›Anfällen‹. Es ist, als würde in meinem Kopf wieder dieser Funke zünden, alles wird ganz hell und ganz leicht, ich sehe mir von oben zu, nur dass es diesmal nicht wehtut, sondern sich so anfühlt, als würde ich aus nichts anderem bestehen als aus kühler, klarer Luft« (S. 197). Im weiteren Handlungsverlauf wird sich Daniel immer weiter von Edgar entfernen, um sich am Ende mit ihm zu versöhnen, während er sich immer weiter Alina annähern wird, um am Ende mit ihr zusammenzukommen (→ **u.3**/Figuren).

## Motive

Literarisch auffällig ist das *Motiv des Vater-Sohn-Konflikts*. »Es handelt sich ganz einfach um einen Machtkampf, der ausbricht, wenn die junge Generation zur Selbständigkeit herangereift ist, die alte aber die Herrschaft noch in Händen hält und auch noch die Fähigkeit besitzt, sie auszuüben.«[1] Im Roman ›duellieren‹ sich Daniel und sein künftiger Stiefvater Thomas: »Wir stehen uns gegenüber wie zwei bescheuerte Cowboys in einem Billigwestern. Dodge City lässt grüßen. Mal sehen, wer zuerst zieht« (S. 17). Entsprechend genau beobachtet Daniel auch die Familien in seinem Freundes- und Bekanntenkreis (Edgars Eltern: S. 46, Alinas Eltern: S. 106). »Die Liebe des Sohns zur Mutter [...] trägt in vielen Plots zur Verschärfung der Gegensätze bei. In den meisten Fällen rivalisieren jedoch Vater und Sohn nicht in der Liebe der Mutter, sondern der Sohn ergreift für die Mutter [...] Partei.«[2] Auch Daniel nimmt seine Mutter vor dem potenziellen Fahrerflüchtigen Thomas in Schutz: »Ich frage mich, was meine Mutter tun würde, wenn ich ihr von dem kaputten Scheinwerfer erzählen würde. Sie darf von der ganzen Sache nichts erfahren, so viel ist mal klar« (S. 174). Dementsprechend steht mit der Mutter also nicht nur ein Mensch zwischen Sohn und (Stief-)Vater, sondern mit dem Unfall auch ein Ereignis (weitere Stationen → **u.3**/Erzähltechnik).[3]

Literarisch augenfällig ist auch das *Schreiben übers Zeichnen* mit Edgar als Künstler (S. 18), seiner einerseits aufmunternden (S. 19), andererseits abseitigen Kunst (S. 107), seinem unheimlichen Talent (Alinas Bild: S. 227) als Ausdruck seiner Gefühle (S. 108), in passender Umgebung (Bennos Atelier: S. 45).

## Figuren

Die Hauptfigur des Buchs, *Daniel Winkler* (S. 104), Spitzname »Danny« (Mutter; S. 14) und »Sohn des Zeus« (Vater; S. 54), ist 15 Jahre alt (S. 22), trinkt Alkohol (S. 24) und kifft (S. 196). Er trägt einmal eine Winterjacke mit Kapuze (S. 73, 31) sowie Sweatshirt (S. 199), Hose (S. 127) und Schuhe (S. 185), hat wohl blonde Wuschelhaare (S. 120) und einen gebeugten Rücken (S. 208). Daniel leidet an unkontrollierten Wutausbrüchen (S. 10), daher die Selbstbezeichnung »Freak« (S. 48), weswegen er später auch in Therapie geht (S. 117). Daniel wohnt mit seiner Mutter allein in einem Haus (S. 13) mit Vorgarten (S. 17) und Garten (S. 18), da sein Vater die Familie vor fünf Jahren verlassen hat (S. 6 f.) und sein Hund Ozzy eingeschläfert wurde (S. 6). Daniel besucht die 9 B einer Schule (S. 70), wo er Mathematik mag (S. 24), da sie Dinge vereinfache (S. 38), und Chemie hasst, da sie Dinge verkompliziere (S. 43). Von seiner beruflichen Zukunft hat Daniel noch kein Bild (S. 141). In seiner Freizeit spielt er mit seinem Freund Edgar Detektiv

1 Elisabeth Frenzel: Motive der Weltliteratur. Ein Lexikon dichtungsgeschichtlicher Längsschnitte. Stuttgart 2008, S. 714.
2 Ebd., S. 719.
3 Vgl. ebd., S. 721.

(S. 104), um belastendes Material zu sammeln erst gegen seine Mitschülerin und erwiesene Mobberin Alina (S. 18), weil er es ihr für ihr Mobbing anderer heimzahlen will (S. 224), und dann gegen den Liebhaber seiner Mutter und möglichen Fahrerflüchtigen Thomas (S. 102), um ihn loszuwerden.

*Daniels Mutter* ist noch keine 40 Jahre alt (S. 207) und raucht (S. 14). Sie trägt einmal Strickjacke, T-Shirt bedruckt mit »Wer schön sein will, muss lieben«, gelbe Jogginghose und Fellpantoffel (S. 206), hat große Augen (S. 17) und ist stark geschminkt (S. 16). Sie arbeitet in einem Reisebüro, wo sie sich über ihre Kunden aufregt (S. 172). In ihrer Freizeit datet Daniels Mutter Handwerker und Verkäufer (S. 5 f.) und manchmal singt sie (S. 84).

Das *Verhältnis zwischen Daniel und seiner Mutter* ist lange eher unglücklich und lose, wenn er lieber auf sie als seinen Vater verzichten würde (S. 22) und Daniels Mutter ihn umgekehrt abschätzig »seinen Sohn« nennt (S. 55) und für ihr Unglück verantwortlich macht (S. 8). Beide nähern sich dann aber buchstäblich einander an: über verschränkte Arme (S. 13), Arme auf Schultern (S. 101) und Umarmungen (S. 256) – ein von Daniel forciertes Gespräch als Wendepunkt (S. 211). Ihren Mann betrachtet Daniels Mutter für sich als gestorben (S. 54; tote Mutter: S. 155), jedoch ist die Erfahrung seines Weggangs noch überaus lebendig, wenn sie seither Selbsthass empfindet (S. 53), 13 Liebhaber verschlissen hat (S. 24) und auch beim jüngsten Liebhaber Panikattacken (S. 75) und Verlustängste (S. 175) verspürt.

*Daniels Vater* hatte wohl immer ein Glas Whisky in der Hand (S. 15). Er trug einmal ein schwarzes T-Shirt, rot bedruckt mit »Metallica«, und Jeans (S. 120), hatte blonde Fusselhaare und einen Dreitagebart (S. 15) und fuhr einen alten Saab (S. 119). Daniels Vater arbeitete als Gitarrist (S. 84) und Songwriter (S. 54). In seiner Freizeit sang er mit Daniels Mutter (S. 84).

Das *Verhältnis zwischen Daniel und seinem Vater* war lange eher glücklich, wenn er mit ihm mehr Spaß haben konnte als mit seiner Mutter, von ihm Fahrräder zu reparieren lernte (S. 233), Ozzy geschenkt bekam (S. 6 f.) und Daniels Vater ihn umgekehrt wertschätzend »Sohn des Zeus« nannte (S. 54). Ihr Verhältnis ist noch jetzt eher eng, wenn Daniel seinen Vater in Visionen herbeiholen kann (S. 14). Beide entfernen sich dann aber buchstäblich voneinander: über Herbeiholen (S. 54), Erscheinen (S. 96), Verstummen (S. 122), Verschwinden (S. 157), Entschweben (S. 178) – ein bewusstes Ausweichen Daniels als Wendepunkt (S. 171). Seine Frau hatte Daniels Vater wohl nicht mehr ausgehalten (S. 119) und wohnt jetzt entweder in einem großen Haus in L. A. (Daniels Mutter) oder hockt in einem einsamen Keller im Nirgendwo (Daniel, S. 9).

*Thomas König* (S. 6), der Liebhaber von Daniels Mutter, ist vermutlich auch noch keine 40 Jahre alt (S. 24; Selbstmord der Mutter: S. 23) und raucht ebenfalls (S. 36). Er trägt einmal Ärztekittel (S. 8), Jeans und Turnschuhe (S. 16), hat dunkle Augen (S. 17) und große Hände (S. 5) und fährt einen teuren Lotus in Grünmetallic, später mit beschädigtem Scheinwerfer (S. 103). Thomas arbeitet als Tierarzt mit eigener Sprechstundenhilfe (S. 236) in der eigenen Praxis (S. 6), wo er gefühlvoll mit seinen Patienten umgeht (S. 140), aber auch Daniels Hund Ozzy einschläfert (S. 6). In seiner Freizeit kocht und backt Thomas gerne (S. 66 f.).

Das *Verhältnis zwischen Daniel und Thomas* beginnt zweimal am Tiefpunkt, wenn Daniel ihn erst für das Einschläfern Ozzys (S. 16 f.) und dann für das Überfahren Pascals (S. 103) verantwortlich macht. Ihre Beziehung erreicht dann aber jedes Mal einen Höhepunkt, da Daniel Thomas einen positiven Effekt direkt auf seine Mutter und indirekt auf sich selbst zugutehalten muss (Lachen und Berührung: S. 101; Glücklichsein und Umarmung: S. 256). Umgekehrt sorgt Thomas für Daniel, wenn er ihm einen Smoothie (S. 23) oder einen Pfannkuchen (S. 68) zubereitet, den Obdachlosen von einer Anzeige abhält (S. 51), Daniel eine Schüssel (S. 65) neben das Bett oder einen Grabstein (S. 100) in den Garten stellt. Das Auf und Ab ist dann auch ablesbar an Bezeichnungen vom negativen »Hundemörder« (S. 6) über »Aushilfsvater« (S. 38) und »Hausbesetzer« (S. 53) bis zum positiven »Thomas« (S. 101) und vom negativen »Prinzessinnenbrudermörder« (S. 126) bis zum positiven »Die-Wahrheit-Sager« (S. 252), immer schwankend zwischen »Killer« und »Superman« (S. 162). Daniels Mutter umsorgt Thomas ebenfalls, wenn er sie wieder zum Singen bringt (S. 84).

*Edgar* ist Daniels bester Freund (S. 18), trinkt Alkohol (S. 24) und beginnt zu rauchen (S. 128). Er trägt einmal eine grüne Mütze (S. 34), eine grüne Seventies-Trainingsjacke und Wollpullover (S. 73) und hat keine Frisur, eine Brille, ein schräges Gesicht und dürre Beine (S. 18). Edgar wohnt mit seinen Eltern, das genaue Gegenteil von Daniels Eltern (was Daniel zunächst beneidet, dann befremdet), in einer 3-Zimmer-Wohung mit Katzen und Wellensittichen (S. 46). Er besucht ebenfalls die 9 B, wo er sich für Kunst interessiert (S. 18). In seiner Freizeit zeichnet Edgar (S. 18) und spioniert mit Daniel seiner Mitschülerin hinterher, weil er es ihr für ihre Ignoranz ihm gegenüber heimzahlen möchte (S. 224). Edgar ist es auch, der Daniel mit Bennos Häuschen (S. 45) seinen Rückzugsort zeigt.

Das *Verhältnis von Daniel und Edgar* wird auf die Probe gestellt, als Daniel seinen Freund anzulügen beginnt (S. 127), ihm seine Treffen mit Alina verheimlicht (S. 163) und ihn mit Bennos Häuschen hintergeht (S. 187), während Edgar umgekehrt die Ereignisse auf der Party verschweigt (S. 226). Beide gehen dann aber wieder aufeinander zu: über die Schuldgefühle Daniels (S. 131, 159, 195), die Ahnung (S. 222) und Gewissheit Edgars (S. 228), die Entschuldigung Daniels (S. 229) und die Versöhnung beider (S. 254 f.).

*Alina von Wildern*, Spitzname »Princess Evil« oder »Evil«, ist Daniels Mitschülerin (S. 25), trinkt Alkohol, kifft (S. 196) und raucht (S. 202). Sie trägt einmal öffentlich ein schwarzes Kleid, die Haare glatt nach hinten gekämmt, Lippen dunkelrot und Augen schwarz geschminkt (S. 60), einmal privat Adidas-Hose und grünes T-Shirt mit aufgerissenen Ärmeln, die Haare fettig, der Nagellack abgestoßen (S. 93). Alina wohnt mit ihren Eltern, Mutter Roboter (S. 60) und Vater Zombie (S. 192), und ihrem Bruder, Junkie (S. 135) Pascal, in einem Schloss mit Säulen, Spitzname »Residence Evil«, an einem Park mit See (S. 25). Sie besucht ebenfalls die 9 B, wo sie ihre Mitschüler_innen mobbt (Enzo: S. 27, Pia: S. 51), sich mit Lehrer_innen anlegt (Frau Köpke: S. 28), wohl weil sie sich eine Reaktion erhofft (S. 196), die sie in ihrer Familie nicht bekommt (S. 192).

Das *Verhältnis von Daniel und Alina* ist zunächst zerrüttet, wenn er sie hasst (S. 29) und sie ihn umgekehrt verachtet (S. 30). Beide kommen sich dann aber buchstäblich näher: über das Treffen im Schloss (S. 92), am Unfallort (S. 131), auf dem Friedhof (S. 159), in Bennos Häuschen (S. 195) bzw. über erste Gefühle (S. 35), die erste Umarmung (S. 161) und den ersten Kuss (S. 197).

*Pascal von Wildern*, Alinas Bruder (S. 62), war so alt wie Daniel (S. 38) und nahm Drogen (S. 63). Er trug einmal Schirmmütze, Anzug, Hemd mit Hosenträgern (S. 61) und Turnschuhe (S. 38). Pascal war manisch (Steg: S. 98 f.), depressiv (Abgrund: S. 135) und suizidal (Todessehnsucht: S. 160). Er wohnte zunächst bei seinen Eltern und seiner Schwester im Schloss, dann bei Verwandten und schließlich im Internat (S. 62). Das besuchte Pascal nach der 6. Klasse (S. 62). In seiner Freizeit las er viel, zuletzt »Kaltblütig« von Truman Capote (S. 160). Sein Unfalltod (S. 69) bringt die Sportwagenfahrer Thomas (S. 103), Mr. Archer (S. 144) und Drogendealer (S. 258) in Verdacht.

## Erzähltechnik

Die wesentlichen *Schauplätze* des Romans sind eine namenlose Stadt mit pompösem Schloss und ein ebenfalls namenloses Dorf mit bescheidenen Häuschen. Genauer liegen in der Stadt das Zuhause der Figuren, die Schule mit Sportplatz und Pausenhof, der Kioskladen und das Fahrradgeschäft, die Arztpraxen, die Billardbar und der Rummelplatz, der Unfallort und der Friedhof, der Park und der Wald. Im Dorf wiederum befindet sich Bennos Atelier.

Geschildert wird ein *Zeitraum* vom 15. Januar 2020 (S. 100) bis mindestens März (S. 190). Das erzählte Geschehen nimmt 47 kurze Kapitel ein, die jeweils mit einer thematischen Überschrift versehen sind. Den Kapiteln vorangestellt ist eine knappe Widmung (S. 2), nachgestellt eine ausführliche Danksagung (S. 260 f.), eingeschoben ein Zitat aus Capotes »Kaltblütig« (S. 160).

Die Kapitel weisen eine *chronologische Struktur* auf, zeichnen also Daniels Leben stringent von Winter bis Frühling nach. Dies geschieht innerhalb einer deutlichen Rahmung, wenn Ozzy am Anfang stirbt (S. 6) und am Ende (filmisch) wiederaufersteht (S. 259).

Das Geschehen wird mit Blick auf die *Narratologie* aus der Ich-Perspektive der Hauptfigur Daniel erzählt (dank personalen Erzählverhaltens mit Innensicht in den Erzähler und mit Nähe zu ihm). Er berichtet von den Ereignissen und kommentiert sie. Die Personenrede wird direkt und mit Anführungszeichen wiedergegeben, Betonungen (z. B. S. 5), Bezeichnungen (z. B. S. 6), Schilder (z. B. S. 10), Titel (z. B. S. 21) und Nachrichten (Chat: z. B. S. 32; Notiz: z. B. S. 151) sind kursiv gesetzt.

Hinsichtlich des *Genres* handelt es sich um einen Thriller: Eine mörderische Tat ereignet sich erst im Handlungsverlauf und wird dann evtl. nicht aufgeklärt, die/der Täter_in bedroht die/den Ermittler_in, die Ermittlung steckt voller Nervenkitzel (*thrill*), die/der Ermittler_in ist eine normale Person und muss sich den Ängsten stellen. Auf die Todesnachricht (S. 69) folgen zunächst Ahnung (S. 83) und Verdacht (S. 126), dann das Auffinden (S. 136) und Sicherstellen eines Beweisstücks (S. 201) und schließlich die Konfrontation des Verdächtigen mit diesem Beweisstück (S. 246). Bis zum Schluss wird Daniel das Plastikteil aber nicht mit dem beschädigten Scheinwerfer von Thomas' Sportwagen abgleichen (S. 258).

## Sprache

Der Roman ist eher von kurzen Sätzen und parataktischem Satzbau geprägt. Immer wieder tauchen darin *intertextuelle Bezüge* zu Musik, Film und Literatur auf, die häufig Situationen kommentieren (z. B. der Liedtitel »So Lonely« und Daniel), Eigenschaften übertragen (z. B. die Filmfigur »Alien« und Edgars Eltern) und Erklärungen liefern (z. B. der Roman »Kaltblütig« und Pascal). Interessant ist auch die Anspielung auf die griechische Mythologie (»Sohn des Zeus« = Perseus und Daniel): Wie Perseus das Haupt der Medusa abschlägt (Schlangenkopf), trennt sich Daniel von seinen Dämonen (Visionen, Anfälle); und wie Perseus Andromeda befreit und sie heiratet, bricht Daniel mit Alina aus und kommt mit ihr zusammen.

| Bezug | Erläuterung |
|---|---|
| Ozzy Osbourne (S. 6) | Musiker |
| Dodge City (S. 17) | Film |
| So Lonely (S. 21) | Lied von The Police |
| Residence Evil (S. 25) | Anspielung auf das Computerspiel »Resident Evil« |
| Goethe (S. 44) | Anspielung auf den Schriftsteller Johann Wolfgang von Goethe |
| Aliens (S. 46) | Anspielung auf den Film »Alien« |
| Sohn des Zeus (S. 54) | Anspielung auf den Mythos »Perseus« |
| Travolta (S. 57) | Anspielung auf den Film »Saturday Night Fever« |
| Miley Cyrus (S. 58) | Musikerin |
| Capital Bra (S. 58) | Musiker |
| The Weeknd (S. 58) | Band |
| Terminator (S. 60) | Anspielung auf den Film »Terminator« |
| Highway to Hell (S. 74) | Lied von AC/DC |
| Picasso (S. 81) | Anspielung auf den Künstler Pablo Picasso |
| Both Sides Now (S. 84) | Lied von Joni Mitchell |
| The River (S. 85) | Lied von Bruce Springsteen |
| C-3PO (S. 89) | Anspielung auf den Film »Star Wars« |
| The Lord of the Flies (S. 93) | Roman von William Golding |
| Ramones (S. 96) | Band |
| Metallica (S. 120) | Band |
| Kaltblütig (S. 160) | Roman von Truman Capote |
| Batman und Robin (S. 169) | Anspielung auf den Film »Batman« |
| Bonnie und Clyde (S. 169) | Anspielung auf den Film »Bonnie und Clyde« |
| Asterix und Obelix (S. 169) | Anspielung auf den Comic |
| Ariana Grande (S. 184) | Musikerin |
| Jekyll und Hyde (S. 199) | Anspielung auf den Roman |
| Green Mile (S. 206) | Film |
| Robin Hood (S. 224) | Anspielung auf den Film |
| Let it be (S. 253) | Lied von den Beatles |
| Satisfaction (S. 255) | Lied von den Rolling Stones |

Insgesamt liegt die sprachliche Stärke des Buchs in seiner *Klarheit und Jugendbezogenheit*, die die Autorin in der Danksagung auf ihren eigenen Vater zurückführt und es damit Daniel gleichtut: »Achttausend Dank. […] Meinem Vater. Für die Bücher. Für die Sprache. Für die Musik« (S. 260). Damit hat die Sprache beste Chancen, ihre Wirkung bei jugendlichen Leser_innen zu entfalten.

## Spannungsbögen

Die *Spannung* baut der Roman entlang eines großen Bogens auf, der sich von Thomas' Eintritt in Daniels Leben (S. 5) bis zu seinem Einzug in Daniels Zuhause (S. 256) erstreckt. Genauer gliedert sich dieser Bogen in zwei kleinere, die vom Eintritt bis zum Verdacht (S. 5–102) und vom Verdacht bis zum Einzug (S. 102–259) reichen. Diese Zweiteilung entspricht dann auch der Beschäftigung Daniels und Edgars mit dem Fall Alina in der ersten und dem Fall Pascal in der zweiten Hälfte.

Innerhalb der beiden Teile entsteht Spannung wiederum in dreifacher Hinsicht. Zunächst wird ein Rätselgeschehen (*mystery*) präsentiert, das bei Leser_innen eine große Ergänzungsfrage aufwirft, zum Beispiel: Wer hat Pascal überfahren?

Dann werden Spannungssequenzen (*suspense*) gesetzt, was bei Leser_innen Entscheidungsfragen provoziert, etwa: Wird die Beziehung zwischen Daniels Mutter und Thomas halten?

Schließlich sorgen Überraschungsmomente (*surprise*) dafür, dass Leser_innen urplötzlich mit weiteren Fragen konfrontiert werden: Verliebt sich Daniel in Alina und was hält Edgar davon?

Nicht alle dieser Fragen werden beantwortet, sodass ein *offenes Ende* bleibt, das die Leser_innen bewusst ins Grübeln bringt: »Das Plastikteil liegt in meinem Zimmer. [...] Der Doc hat den Scheinwerfer immer noch nicht reparieren lassen. Ich könnte jederzeit hingehen und nachsehen. Vielleicht mache ich das irgendwann. Vielleicht auch nicht« (S. 258).

## Stilmittel

Juliane Pickel arbeitet in ihrem Roman mit sprachlichen Bildern und weiteren Stilmitteln, die das Lesevergnügen erhöhen und zusätzliche Bedeutungsschichten erschließen.

Gleich zu Beginn vereint Daniels Hund Ozzy *Symbol, Metapher* und *Vergleich* in sich:

- Symbol (Erinnerung an Daniels Vater): »Ozzy, nach Ozzy Osbourne [...]. Mein Vater stand auf seine Musik, und er fand, dass der Hund dem Typen ähnlich sah [...]. Er hat ihn mir geschenkt, kurz bevor er weg ist damals« (S. 6 f.).
- Metapher (Angriff auf die Erinnerung): »›Du kannst deinen Hund mitnehmen, Daniel‹, sagt der Doc jetzt zu mir [...]. Aber bevor ich etwas sagen kann, wendet er sich wieder an meine Mutter: ›Dann doch gleich heute Abend [das Date]‹, und ich bin mir absolut sicher, dass Ozzy in genau diesem Moment seinen wirklich letzten Atemzug tut. [... Ich] wickle den toten Ozzy in seine Decke und hebe ihn hoch [...]. Als ich sein Gewicht auf meinen Armen fühle, muss ich an meinen Vater denken, und ich frage mich, ob er vielleicht auch längst tot ist« (S. 9).
- Vergleich (Erinnerung im Film): »Die Kamera wird ruhiger. Mit einem Affenzahn kommt der Punkt auf sie zugerast. Das schwarze Fell zottelt [wie] wild um ihn rum. Ozzy [wie] auf Speed. [...] Reckt den Kopf und bellt wie blöde [...]. Springt in die Luft [...] und dreht sich dabei wie irre um sich selbst. [...] Dreht sich plötzlich um und rast davon, als hätte er Dynamit unterm Arsch. Ich sehe ihm zu, wie er immer kleiner und kleiner wird auf dem Display« (S. 259).

Daneben spielen auch die *Wortfelder* »Kälte« und »Hitze« eine Rolle, immer wenn Daniel Thomas als Liebhaber begegnet: »Er nimmt ihre Hand und zieht sie hinter sich her die Stufen zum Vorgarten herunter. Sie vergisst, sich von mir zu verabschieden. Als die Tür ins Schloss gefallen ist, ist es im Flur eiskalt« (S. 17; vgl. z. B. S. 36) oder wenn Daniel an Thomas als Täter denkt: »›Welche Farbe hatte der Wagen denn?‹, frage ich. Ich wollte das gar nicht fragen, das kam ganz von selbst. Venner guckt mich an. ›Ist das irgendwie wichtig?‹ Ich zucke die Achseln. Eine seltsame Hitze steigt in mir auf« (S. 83; vgl. z. B. S. 102).

# U.4 Deutungsperspektiven

»Krummer Hund« erzählt die *Geschichte einer inneren Entwicklung*: Dank der Erfahrung von Kontrollverlust und Kontrolle (Daniel), von Freundschaft und Verrat (Edgar), von Hass und Liebe (Alina), von Ablehnung und Anerkennung (Thomas), von Abkehr und Zuwendung (Mutter) lässt der 15-jährige Protagonist Daniel Winkler den Zustand jugendlicher Unreife hinter sich, um zu einer charakterlich gefestigten Persönlichkeit heranzureifen, die die Welt nach all diesen Kämpfen nicht mehr verneint, sondern bejaht: »Aus Daniels Vatersuche wird eine ungewöhnlich fesselnde Familiengeschichte, die ihm die Augen öffnet für das, was ihn zu überwältigen droht. Und dafür, wie er dagegen ankämpfen kann« (aus der Begründung der Jury des Peter-Härtling-Preises 2021).

Und »Krummer Hund« hält einen *glücklichen Ausgang* für seinen Protagonisten bereit, der künftig verstärkt auf seine Visionen verzichten und zunehmend auf seine Anfälle einwirken kann – wie auch ein *aufmunterndes Ende* für seine Leser_innen: »›Vielleicht solltest du aufhören, zu denken, dass dir die Dinge einfach passieren [...]. Wenn ein Meteorit auf die Erde fällt [...], das passiert [...]. Aber das, was in dir ist, das passiert dir nicht. Das machst du alles selbst [...]. Du musst dich trauen, zuzugeben, dass du es bist, der das alles macht [...]. Du musst ehrlich sein zu dir selbst. Dann verstehst du es auch‹« (S. 192).

Damit hat die Autorin Juliane Pickel nicht nur die Jury des Peter-Härtling-Preises überzeugt, sondern sie stößt auch einen Prozess des Nachdenkens über das eigene (jugendliche) Leben an und bewirkt so den Übergang in bzw. das *Einwirken auf die Realität*: »achttausend Dank« (S. 260).

## METHODENKISTE

u.5

Die folgende »Methodenkiste« ist als Pool zur Planung einer Unterrichtseinheit zum Roman »Krummer Hund« gedacht. Sie verbindet anzustrebende Kompetenzen im Deutschunterricht mit möglichen Textumgangsweisen in einem Unterricht zum Buch. Dabei beziehen wir uns auf die von der Kultusministerkonferenz (KMK) verabschiedeten »Bildungsstandards für das Fach Deutsch für den Mittleren Bildungsabschluss«, die die verbindliche Grundlage für alle in den Ländern zu entwickelnden Lehr- und Bildungspläne in der Sekundarstufe I darstellen.

In der rechten Spalte geben wir jeweils mögliche Beispiele für eine konkrete Umsetzung im Unterricht. Hier finden sich auch Verweise zu den Kopiervorlagen und Infoblättern in diesem Heft. Zahlreiche methodische Möglichkeiten sprechen mehrere Bildungsstandards an. Wir haben uns zum Zwecke der Übersichtlichkeit jeweils für einen Bildungsstandard des Bereiches 3.3 (»Lesen – mit Texten und Medien umgehen«) entschieden. Häufig lassen sich auch evidente Bezüge zu den Bildungsstandards der anderen Bereiche herstellen.

Darüber hinaus stehen die vorgeschlagenen Methoden in Verbindung mit einem fächerübergreifenden Ansatz (v. a. mit Bildender Kunst, Musik und anderen Fächern), den Sie je nach Klassensituation, Vorwissen und Interessen der Schüler_innen modifizieren können.

| Bildungsstandards | Methoden | Beispiele |
|---|---|---|
| **→ Verschiedene Lesetechniken beherrschen** | | |
| • Über grundlegende Lesefertigkeiten verfügen: flüssig, sinnbezogen, überfliegend, selektiv, navigierend lesen | • Ein Kapitel bzw. eine besonders wichtige oder spannende Stelle (vor)lesen | → k.8<br>• Weitere Textstellen nach Wahl |
| | • Ein Kapitel oder einen Textausschnitt mit verteilten Rollen oder gestaltend vorlesen und aufnehmen | → k.8<br>• Unterschiedliche Textsorten im Buch |
| | • Bestimmte Textinhalte auffinden und ein den Text erschließendes Unterrichtsgespräch anhand von Leitfragen führen | • Hilfsmittel Zeilometer → k.1<br>→ k.2–k.9 |
| **→ Strategien zum Leseverstehen kennen und anwenden** | | |
| • Leseerwartungen und -erfahrungen bewusst nutzen | • Cluster oder Mindmap erstellen; damit einhergehend eine Leseerwartung aufbauen, Vorwissen aktivieren; ein Lesemotiv formulieren | • Figurenkonstellation → i.3<br>• Romantitel → k.2<br>• Zum Anti-Mobbing-Projekt |
| | • Bezüge zur eigenen Lebenswirklichkeit herstellen | • Eigene Meinung → k.2–k.9<br>• Anti-Mobbing-Projekt → k.5 |
| • Textschemata erfassen, z. B. Textsorte, Aufbau des Textes | • Die Erzählkonstruktion analysieren | • Motto, Anlass, Absicht, Zielgruppe → i.2<br>• Spannung(sbögen): Dramatik → k.6, Wendepunkt → k.8<br>• Narratologie, Genre |
| • Verfahren zur Textstrukturierung kennen und selbstständig anwenden | • Wesentliche Textstellen kennzeichnen | • Lesetabelle → k.2–k.9<br>• Markierung → k.4, k.8<br>• Lesetagebuch |
| | • Den Text gliedern | • Lesetabelle → k.2<br>• Tabellen → k.3, k.5–k.8<br>• Fieberkurve → k.6<br>• Schaubild → k.8 |
| | • Kapitelüberschriften formulieren, austauschen und diskutieren | • Buchtitel → k.2, k.9<br>• Überschriften in Bezug zum Kapitelinhalt diskutieren, reformulieren |
| | • Fragen aus dem Text ableiten | • Zu Zitaten und Textstellen → k.2–k.9<br>• Zur eigenen Lebenswirklichkeit → k.2–k.9 |
| | • Bezüge zwischen Textteilen herstellen | • Inhalt und Sprache → k.4<br>• Inhalt und Form |

| Bildungsstandards | Methoden | Beispiele |
|---|---|---|
| • Verfahren zur Textaufnahme kennen und nutzen | • Texte und Textabschnitte zusammenfassen | • Lesetabelle → k.2<br>• Lückentext → k.4<br>• Tagesprotokoll → k.5<br>• Ermittlungstagebuch → k.7 |
| | • Eine Inhaltsangabe auch mithilfe von Satzstreifen oder anderen Hilfsmitteln erstellen | • Lückentext → k.4<br>• Reihenfolge → k.6<br>• Tabellarische Kapitelübersicht als Puzzle → i.4 |
| | • Eine wichtige Textstelle visualisieren | • Standbild → k.2<br>• Bilderfolge → k.3<br>• Figureneinkleidung→ k.5<br>• Fotos von wichtigen Schauplätzen |
| | • Fragen zum Text stellen und beantworten | → k.2–k.9 |
| | • Einen Lückentext bearbeiten | • Inhalt → k.4<br>• Tabellarische Kapitelübersicht als Lückentext → i.4 |
| | • Stichwörter formulieren und damit ein Kapitel nacherzählen | • Lesetabelle → k.2<br>• Tagesprotokoll → k.5 |
| **→ Literarische Texte verstehen und nutzen** | | |
| • Ein Spektrum altersangemessener Werke – auch Jugendliteratur – bedeutender Autorinnen und Autoren kennen | • Leben und Werk der Autorin kennenlernen | • Autorin → i.1<br>• Interview → i.2<br>• Poster, Handout, Präsentation |
| | • Thematisch verwandte Jugendromane kennenlernen | • Vgl. → i.6<br>• www.beltz.de/lehrer |
| • Zentrale Inhalte erschließen | • Einsatz anderer Medien / inhaltlich entsprechend orientierter Zusatztexte zur Erarbeitung der Buchthemen | • Interview → i.2<br>• Figurenkonstellation → i.3<br>• Tabellarische Kapitelübersicht → i.4<br>• Weiterführende Literaturhinweise → i.5<br>• Internet → k.2, k.5, k.9<br>• Intertexte (z. B. Golding: »Herr der Fliegen«) |
| • Wesentliche Elemente eines Textes erfassen, z. B. Figuren, Raum- und Zeitdarstellung, Konfliktverlauf | • Den zeitlichen Verlauf des Buchs erarbeiten und darstellen | • Tabellarische Kapitelübersicht → i.4<br>• Lesetabelle → k.2<br>• Fieberkurve → k.6<br>• Schaubild → k.8 |
| | • Eine Figurenkonstellation / ein Soziogramm erarbeiten | • Figurenkonstellation → i.4, k.4<br>• Steckbriefe<br>• Figurenpaten |
| | • Die Beziehung zwischen Figuren herausarbeiten | • Figurenkonstellation → i.4, k.4<br>• Protagonist–Familie → k.4, k.8<br>• Protagonist–Mitschüler_innen → k.5, k.7<br>• Protagonist–Thomas → k.6 |
| | • Figuren charakterisieren; relevante Textstellen mithilfe der Kapitelübersicht auffinden | → i.4<br>• Satzverbindungen → k.3<br>• Figurenbiografie |
| | • Handlungsräume analysieren, auch hinsichtlich der Symbolik | • Schauplätze → k.7<br>• Winter-Frühling |
| | • Ein Thema bzw. Motiv über das ganze Buch hinweg verfolgen | • Wutausbrüche → k.3<br>• Familienkonflikte → k.4<br>• Mobbing → k.5<br>• Freundschaft → k.5<br>• Erste Liebe → k.7<br>• Vater-Sohn-Konflikt → k.9<br>• Schreiben übers Zeichnen |

| Bildungsstandards | Methoden | Beispiele |
|---|---|---|
| | • Den Konfliktverlauf zwischen Figuren grafisch bzw. verbal darstellen | • Figurenkonstellation→ **k.4**<br>• Pfeildiagramm → **k.5**<br>• Fieberkurve → **k.6**<br>• Schaubild → **k.8** |
| • Wesentliche Fachbegriffe zur Erschließung von Literatur kennen und anwenden | • Die Erzählperspektive wechseln: eine Textstelle aus anderer Perspektive erzählen | • Kapitel »Duell« aus Thomas' Sicht<br>• Kapitel »Freak« aus Sicht der Mutter |
| | • Leerstellen des Buchs füllen | • Interview → **i.2**<br>• Alternatives Weitererzählen → **k.8**<br>• Wo ist der Vater?<br>• Wer ist Mike? |
| | • Den Spannungsverlauf untersuchen / eine Spannungskurve erstellen | • Dramatik → **k.6**<br>• Wendepunkt → **k.8**<br>• Spannung(sbögen) |
| | • Einen inneren Monolog einer Figur verfassen | • Ermittlungstagebuch → **k.7**<br>• Monolog → **k.8**<br>• Obdachloser nach Begegnungen mit Daniel |
| • Sprachliche Gestaltungsmittel in ihren Wirkungszusammenhängen und in ihrer historischen Bedingtheit erkennen, z. B. Wort-, Satz- und Gedankenfiguren, Bildsprache (Metaphern) | • Die Namen von Figuren oder Schauplätzen unter die Lupe nehmen | • Buchtitel → **k.2, k.9**<br>• Spitznamen → **k.5, k.9** |
| | • Sprachliche Bilder/Metaphern und mögliche Symbole im Text erkennen, ihre Bedeutung verstehen und über ihre Leistungen diskutieren | • Ozzy → **k.4**<br>• Kälte/Hitze |
| | • Redeformen (Figurenrede, Erzählerrede) identifizieren | • Markierungen → **k.8**<br>• Motto, Textsorten, Danksagung |
| | • Stilaspekte untersuchen | • Musik → **k.4**<br>• Genre → **k.9**<br>• Stilanalyse des Kapitels »Hundemörder« |
| • Eigene Deutungen des Textes entwickeln, am Text belegen und sich mit anderen darüber verständigen | • Eine kontroverse Diskussion zu bestimmten Aspekten oder Figuren führen | • Themen, Motive und Figuren → **k.2–k.9**<br>• Entscheidung → **k.3**<br>• Placemat/stummes Schreibgespräch → **k.5**<br>• Stellungnahme → **k.7**<br>• Fünf-Finger-Methode → **k.9** |
| | • Mittels Alter-Ego-Technik die möglichen Gedanken von Figuren darstellen | • Standbild → **k.2**<br>• Figureninterview → **k.3**<br>• Ermittlungstagebuch → **k.7**<br>• Monolog → **k.8**<br>• Obdachloser nach den Begegnungen mit Daniel |
| | • Eine Rezension zum Buch verfassen | • Fünf-Finger-Methode → **k.9**<br>• Rezension als Text, Audio oder Video |
| • Analytische Methoden anwenden | • Den Inhalt eines Textabschnitts rekonstruieren und wiedergeben | • Lesetabelle → **k.2** |
| | • Den antizipierten und realen Handlungsverlauf vergleichen | • Erwartungen ausgehend von Titel, Cover, Klappentext → **k.2**<br>• Fünf-Finger-Methode → **k.9** |
| | • Ein Kapitel mit einem subjektiven »Untertext« versehen | • Zu jedem Kapitel möglich |
| | • Handlungsmotive einer Figur herausarbeiten | • Daniel (Wutausbrüche) → **k.3**<br>• Alina (Mobbing) → **k.5**<br>• Mutter (Versöhnung), Vater (Visionen) → **k.8**<br>• Obdachloser (keine Anzeige) |
| | • Den thematischen Hintergrund des Buchs erhellen | • Wutausbrüche → **k.3**<br>• Familienkonflikte → **k.4**<br>• Mobbing → **k.5**<br>• Freundschaft → **k.5**<br>• Erste Liebe → **k.7**<br>• Vater-Sohn-Konflikt → **k.9** |

| Bildungsstandards | Methoden | Beispiele |
|---|---|---|
| • Analytische Methoden anwenden (Forts.) | • Eine gemeinsame Reflexion der Lektüre durchführen | • Fünf-Finger-Methode → **k.9**<br>• Offenes Abschlussgespräch |
| • Produktive Methoden anwenden | • Ein eigenes Lesetagebuch bzw. einen Leseordner zum Buch führen | • Lesetabelle → **k.3** |
| | • Einen Comic oder eine Fotostory zu einem Kapitel des Buchs erstellen | • Wutausbrüche → **k.3**<br>• Körpersprache von Daniels Mutter |
| | • Ein fiktives Interview mit einer Figur führen | • Figureninterview → **k.3**<br>• Interview mit Mutter über Vater oder mit Vater über Mutter (Flucht), mit Thomas über Mutter (Selbstmord) |
| | • Einen fiktiven Dialog zwischen Figuren verfassen | • Monolog, alternatives Weiterschreiben → **k.8** |
| | • Gedanken und Gefühle der Figuren imaginieren | • Ermittlungstagebuch → **k.7**<br>• Monolog → **k.8**<br>• Erweiterung des Standbilds |
| | • Das Buch weiterdenken und -schreiben | • Alternatives Weiterschreiben → **k.8**<br>• Neues letztes Kapitel (»Ein Jahr später«) |
| | • Einen Brief einer Figur an eine andere Figur verfassen | • Daniel an Vater nach letzter Vision<br>• Daniel an Stiefvater vor Einzug |
| | • Eine Reportage bzw. einen Zeitungsbericht über eine Textstelle verfassen | • Unfallmeldung |
| | • Ein literarisches Rollenspiel z. B. zu einer Szene durchführen | • Rollenspiel zur Körpersprache von Daniels Mutter |
| | • Einen Handlungsort oder eine Szene malen, zeichnen oder nachbauen | • Schauplätze → **k.7** |
| | • Eine thematische Aktion durchführen | • Anti-Mobbing-Projekt → **k.5** |
| | • Ein Rätsel zu einem Kapitel oder zum Buch erstellen bzw. lösen | • Spannungsfragen<br>• Kreuzwort-, Silbenrätsel |
| | • Ein alternatives Titelbild erstellen | • Eigenes Cover für Lesetabelle, Lesetagebuch |
| | • Ein Plakat bzw. eine Collage zum Buch erstellen | • Anti-Mobbing-Projekt → **k.5**<br>• Steckbriefe<br>• Themenplakate |
| | • Ein Hörspiel verfassen | • Zu rasanten Textstellen<br>• Intertextuelle Bezüge als Playlist |
| • Handlungen, Verhaltensweisen und Verhaltensmotive bewerten | • Sympathie/Antipathie zu den Figuren thematisieren | • Lesetabelle → **k.2**<br>• Fünf-Finger-Methode → **k.9** |
| | • Zu den Figuren Stellung beziehen, ihr Verhalten und Handeln bewerten und kommentieren | • Lesetabelle → **k.2**<br>• Figuren → **k.2–k.8**<br>• Fünf-Finger-Methode → **k.9** |
| **→ Sach- und Gebrauchstexte verstehen und nutzen** | | |
| • Hintergrundinformationen suchen, verstehen, auswerten und vergleichen | • Eine Collage erstellen | • Alternatives Buchcover<br>• Eigenes Cover für Lesetabelle, Lesetagebuch<br>• Autorin, Themen, Motive |
| **→ Medien verstehen und nutzen** | | |
| • Informationsmöglichkeiten nutzen | • Internet- und Buchrecherche zu Themen des Buchs | • Weiterführende Literaturhinweise → **i.5**<br>• Internet → **k.2, k.5, k.9** |
| • Medien zur Präsentation und ästhetischen Produktion nutzen | • PowerPoint-Präsentationen bzw. Hypertexte erarbeiten, vorstellen und reflektieren | • Schauplätze<br>• Themen, Motive<br>• Intertextuelle Bezüge |

# Vorschlag für eine Unterrichtseinheit

u.6

Wir möchten Ihnen hier ein Grobraster für eine Unterrichtseinheit zu »Krummer Hund« vorstellen, das nach dem Grundsatz ›erschließend, nicht erschöpfend‹ vorgeht. Die Einheit besteht, unterstützt durch die Infoblätter und Kopiervorlagen[1] aus diesem Heft, aus drei Modulen:

- Modul A: Vor dem Lesen (Paratext, Seite 5 bis 12)
- Modul B: Während des Lesens (Seite 5 bis 23, Seite 24 bis 52, Seite 53 bis 103, Seite 104 bis 201, Seite 202 bis 259)
- Modul C: Nach dem Lesen (ganzes Buch)

Um den Überblick über das Buch zu behalten, bietet sich der Einsatz einer Lesetabelle an (→ **k.2**), in der die Schüler_innen kapitelweise Stichworte zu einzelnen Aspekten notieren. Auch eine Erweiterung zu einem Lesetagebuch mit mehr Raum für Reflexionen und Illustrationen ist denkbar. Die Ergebnisse können immer wieder (auch im Unterricht) herangezogen werden. Damit ist ihre Sicherung gewährleistet. Das ganze Buch sollten die Schüler_innen möglichst nach **k.7** gelesen haben.

## Modul A: Vor dem Lesen

(ca. 4 Unterrichtsstunden)

- Lesekompetenz: Paratext, Seite 5 bis 12
- Textanalyse: Wutausbrüche
- Übertragung auf Lebenswirklichkeit: eigene Vermutungen und Erfahrungen
- Produktion: Figureninterview, Bilderfolge, Lesetabelle

→ Bearbeitung mithilfe der Kopiervorlagen **k.1–k.3**
→ Weitere Anregungen aus der »Methodenkiste« in diesem Heft → **u.5**

## Modul B: Während des Lesens

(ca. 10 Unterrichtsstunden)

- Lesekompetenz: Seite 5 bis 259, Internet (Texte)
- Textanalyse: Familienkonflikte, Freundschaft, Mobbing, erste Liebe
- Übertragung auf Lebenswirklichkeit: eigene Vermutungen und Erfahrungen, Schule vor Ort
- Produktion: Figurenkonstellation, Figureneinkleidung, Pfeildiagramm, Placemat, Fieberkurve, Grafik, Ermittlungstagebuch, Schaubild, Weiterschreiben

→ Bearbeitung mithilfe der Kopiervorlagen **k.4–k.8**
→ Weitere Anregungen aus der »Methodenkiste« in diesem Heft → **u.5**

## Modul C: Nach dem Lesen

(ca. 2 Unterrichtsstunden)

- Lesekompetenz: ganzer Roman
- Textanalyse: Vater-Sohn-Konflikt, Genre
- Übertragung auf Lebenswirklichkeit: eigene Vermutungen, Erfahrungen und Urteile
- Produktion: Fünf-Finger-Methode

→ Bearbeitung mithilfe der Kopiervorlage **k.9**
→ Weitere Anregungen aus der »Methodenkiste« in diesem Heft → **u.5**

1 Jede Kopiervorlage genügt für eine Doppelstunde, ist nach den Lernzielstufen des Deutschen Bildungsrats mit den entsprechenden Operatoren formuliert und nach einem Stundenverlauf von 1. Einstieg, 2. Erarbeitung (Präsentation nach jeder Nr. 2 möglich), 3. Sicherung, 4. Transfer und 5. Hausaufgabe formatiert. Wechsel der Sozialform (Unterrichtsgespräch, Einzel-, Partner-, Gruppenarbeit) überwiegend nach eigenem Ermessen.

# Infoblätter

© Carla Deiters

## i.1 DIE AUTORIN JULIANE PICKEL

Juliane Pickel, geboren 1971 in Ratingen, lebt seit 1994 in Hamburg. Nach einem Studium der Erziehungswissenschaften in Münster und Hamburg und einer Fortbildung zur Fachzeitschriftenredakteurin arbeitet sie in der Online-Redaktion des NDR.

2017 wurde sie für ihre Kurzgeschichte »Freier Fall« mit dem Walter-Kempowski-Literatur-Förderpreis der Hamburger Autorenvereinigung ausgezeichnet. »Krummer Hund« ist ihr erster Roman. Für das Projekt erhielt sie 2018 den Förderpreis für Literatur der Stadt Hamburg und 2021 den Peter-Härtling-Preis.

## i.2 INTERVIEW MIT JULIANE PICKEL: »JUGENDLICHE DÜRFEN AUCH MIT IHREN GANZ ECHTEN, AUCH DEN SCHLECHTEN GEFÜHLEN DA SEIN«

Juliane Pickel über die Verlorenheit von Heranwachsenden und die Abgründe in Erwachsenen

*Liebe Frau Pickel, was ist denn ein »krummer Hund«?*

Ein krummer Hund ist ja nach Redensart jemand, bei dem man nicht weiß, ob man ihm über den Weg trauen kann, ein schräger Typ, ein bisschen kriminell vielleicht. Der Roman ist voller krummer Hunde im etwas weiteren Sinn: Da ist der Doc, bei dem man nicht weiß, ob er ein guter Typ oder ein Fahrerflüchtiger ist, da ist Edgar, der Künstler, der auf seine Art ziemlich seltsam ist. Auch die Hauptfigur Daniel ist ein krummer Hund mit seinen Wutanfällen – zumindest fühlt er sich selbst als Freak. Auch bei Daniels Vater weiß man nicht so richtig, was man von ihm halten soll. Und dann ist da natürlich der echte Hund, Ozzy, der stinkende, hässliche Köter, den Daniel so liebt und der zwar gleich zu Beginn stirbt, aber dennoch eine große Rolle spielt.

*Und welche Rolle spielt Ozzy?*

Ozzy ist die letzte echte Verbindung, die Daniel zu seinem abwesenden Vater hat. Als er durch die Spritze des Docs stirbt, wird diese symbolische Verbindung gekappt, das macht einen Teil der immer stärker werdenden Wut von Daniel aus und treibt den Prozess voran, in dem Daniel langsam aufhört, seinen Vater zu idealisieren. Außerdem entsteht dadurch zwischen ihm und dem Doc eine ambivalente Verbindung: Der »Hundemörder« ist gleichzeitig der neue Mann im Leben seiner Mutter, den Daniel zu mögen beginnt. Das ist schwer zu sortieren.

*Hatte Ihr Roman schon von Beginn an den Titel »Krummer Hund«?*

Der Arbeitstitel war »Der Unfall«, aber der finale Titel sollte weniger allgemein sein. Meine Lektorin Andrea Baron und ich haben zusammen gebrainstormt, und am Ende wurde es »Krummer Hund«, eine Idee von mehreren, die ich auf eine Liste geschrieben hatte. Der Titel passt einfach wie die Faust aufs Auge, eben weil die Geschichte voll ist mit Figuren, die wegen ihrer Abgründe und Ambivalenzen schwer einschätzbar sind und die sich manchmal verdächtig oder seltsam verhalten.

*Gab es einen bestimmten Schreibanlass?*

Nicht wirklich. Ich hatte eine Weile vor allem Kurzgeschichten geschrieben und wollte mich dann gerne an ein Romanprojekt wagen. Nach ein paar anderen Geschichten, die ich zunächst begonnen hatte, sind mir dann Daniel und seine Geschichte in den Kopf gekommen und haben sich dort festgesetzt. Ich habe ihn erzählen lassen, und so ist der Roman dann langsam entstanden.

*Hatten Sie beim Schreiben einen konkreten Schauplatz vor Augen?*

Nein. Die Geschichte könnte im Grunde in jeder kleinen Stadt spielen. In meinen eigenen Bildern, die beim Schreiben in meinem Kopf entstanden sind, habe ich in manchen Szenen die Stadt vor mir gesehen, in der ich aufgewachsen bin, Ratingen bei Düsseldorf. Aber das war kein bewusstes Vorbild.

*Aber an bestimmte Leserinnen und Leser haben Sie schon gedacht, oder?*

Ich habe den ersten Teil der Geschichte geschrieben, ohne darüber nachzudenken, für welche Leserinnen und Leser ich schreibe. Erst nach einer Weile war mir richtig klar, dass das ein Jugendbuch wird. Ich wollte aber kein Buch für Jugendliche in dem Sinne schreiben, dass ich eine pädagogische Mission gehabt hätte. Vor allem wollte ich etwas über Familie erzählen und darüber, wie Menschen in diesen kleinen Systemen so nah beieinander und gleichzeitig so isoliert voneinander sein können. Mein Ziel war vor allem, über die Gefühlswelten von Daniel und den anderen Figuren zu erzählen, über die Wut und Ohnmacht und die Verlorenheit, die man in diesem Alter empfinden kann. Über die emotionalen Abgründe, die sich auftun können, wenn man mit Erwachsenen aufwächst, die wegen ihrer eigenen Unzulänglichkeiten ihren Job als Eltern nicht so gut machen. Aber ich wollte auch über Freundschaft erzählen und darüber, wie schwierig es in dem Alter sein kann, rauszufinden, wie und wer man ist und wie man die Welt sehen will.

*Schwierigkeiten hat auch der Protagonist Ihres Romans. Woran leidet Daniel?*

Für mich ist die Hauptfigur Daniel nicht wirklich krank oder gestört, von daher habe ich ihm auch kein bestimmtes Krankheitsbild zugeordnet. Ich wollte auch kein »Problembuch« schreiben, in dem ein ganz bestimmtes Krankheitsbild überwunden wird. Daniels Wut ist zwar teils sehr extrem, aber sie ist auch eine plausible Reaktion darauf, was er in seiner Familie erlebt hat und noch erlebt. Am Ende der Geschichte gibt es zumindest eine Veränderung. Er betrachtet seine Emotionen zunehmend als etwas, um das er sich kümmern muss, und er fängt an, mit seiner Mutter darüber zu kommunizieren, das kann ein Anfang einer größeren Veränderung sein. Ich lasse am Ende ja offen, wie es genau weitergeht, aber für mich ist es schon so, dass Daniel seine Wut um so weniger brauchen wird, je mehr er für sich einsteht und sich mit seinen Gefühlen mitteilt. Und je mehr er sich traut, seine Wahrheiten zu überprüfen (zum Beispiel über seinen Vater), desto mehr kann er seine Wut vielleicht in den Griff bekommen.

*Haben wir wirklich alle solche Abgründe in uns?*

Ich denke schon, dass die meisten Menschen Abgründe in sich haben, sie sind nur unterschiedlich tief. Nach meinem Verständnis entstehen sie vor allem aus emotionalen Verletzungen, die in den Menschen weiterarbeiten und ihnen oft gar nicht bewusst sind. Man muss hineinsehen, um damit umzugehen – um überhaupt zu verstehen, was sich in den Tiefen befindet. Und das muss man zusammen mit anderen tun – mit Eltern, Freundinnen und Freunden, manchmal Therapeutinnen oder Therapeuten. Und natürlich ist es gerade für Jugendliche wichtig, dass sie mit ihren ganz echten, auch den »schlechten«, Gefühlen da sein dürfen und sich jemandem anvertrauen können. Alinas Bruder war auch ein Mensch mit einem sehr tiefen Abgrund. Der Tod hatte eine große Anziehungskraft auf ihn. Es passt für mich, dass er ein Buch wie »Kaltblütig« faszinierend findet, das ja ein sehr grausames Verbrechen, das wirklich stattgefunden hat – den Mord an einer Familie –, literarisch verarbeitet.

*Abgründe hat auch Daniels Mutter in sich. Wird ihre neue Beziehung da halten?*

Ja, sie wird halten. Vielleicht nicht fürs Leben, aber für lange. Thomas ist anders als die Männer, die Daniels Mutter sich sonst aussucht. Er ist ein sehr spezieller Typ, aber er ist präsent und spielt sich nicht als Ersatzvater für Daniel auf. Er gibt sich Mühe, da zu sein, auch für ihn. Auch Daniels Mutter fasst im Laufe der Geschichte wieder Vertrauen, dass Beziehungen doch funktionieren können.

*Vertrauen, das ihr früherer Partner zerstört hat …*

Daniels Vater ist einer dieser Erwachsenen, die eigentlich keine sein wollen. Er hat Daniel geliebt, aber er konnte die Vaterrolle einfach nicht ausfüllen, er war zu sehr mit seinen eigenen Dingen beschäftigt. Daniels Mutter hat recht, als sie sagt, er sei selbst noch ein Kind gewesen. Er hatte keine schlechten Absichten, aber er hat es einfach nicht besser hingekriegt und Daniel dadurch oft vernachlässigt. Er ist gegangen, weil er das selbst erkannt hat – und auch, weil er frei sein wollte. Wahrscheinlich versucht er sich weiterhin ohne Erfolg als Musiker, schlägt sich so mit Gitarrenunterricht durch und hat unverbindliche Beziehungen zu Frauen. Ab und zu vermisst er seinen Sohn, aber wenn das so ist, spielt er einen Song auf der Gitarre und ist wieder in seiner eigenen Welt.

*Erzählt Ihr Roman also auch von einem Vater-Sohn-Konflikt?*

Im Zentrum steht für mich Daniel als ein Jugendlicher, der emotional verloren geht. Und der seine Gefühle und Nöte so lange unter Verschluss gehalten hat, bis er langsam daran kollabiert. Das alles ist verbunden mit mehreren Konflikten – die Beziehung zu seinem Vater ist einer davon. Aber auch die zu seiner Mutter ist ja höchst problematisch und vor allem ambivalent.

*Warum lassen Sie das Ende eigentlich offen?*

Ich wollte keine »Whodunnit-Geschichte« erzählen. Der Unfall, die Fahrerflucht, dieses Ereignis ist wichtig im Buch, aber vor allem deshalb, weil es in Daniel diese Konflikte hervorruft: Kann ich dem Doc trauen? Wem kann ich überhaupt trauen? Welche »Wahrheit« ist wirklich eine? Welche ist meine und welche die meiner Mitmenschen? Er gerät ja in ein großes Dilemma: Er will seine Mutter schützen, die neu entstehende Familiensituation nicht gefährden – aber er will dies nicht um den Preis tun, einen Fahrerflüchtigen zu schützen. Ob Thomas König der Täter ist oder nicht, muss Daniel für sich selbst entscheiden: Am Ende entscheidet er sich, daran zu glauben, dass es noch Erwachsene gibt, die es gut mit ihm meinen.

*Wer ist überhaupt Mike?*

Eine sehr schöne Frage. Mike ist immer der, den die Leserinnen und Leser sich in der Szene als Mike vorstellen. Ziemlich sicher auch ein krummer Hund.

*Wohingegen Alina eine ziemliche Mobberin ist …*

Mobbing ist kein Thema, mit dem ich konkret zu tun habe, aber es ist natürlich ein sehr präsentes Thema, gegen das man nicht so leicht ankommt. Es hat ja viel mit dem Ausüben von Macht zu tun. Im »Krummen Hund« hat es vor allem die Funktion, Princess Evil zu charakterisieren, die genau das damit tut.

*Edgar wiederum scheint ein großer Künstler zu sein …*

Ich wollte Daniel als besten Freund jemanden an die Seite stellen, der sehr anders ist als er selbst, der etwas kann, das Daniel gar nicht kann. Edgar tauchte einfach in meiner Vorstellung als ein sehr kreativer, verschrobener Charakter auf, der einen leichten Hang zum Wahnsinn hat. Das Zeichnen passte dazu, es passt auch dazu, dass er Princess Evil fotografiert und schließlich ja malt.

*Warum sollten Schülerinnen und Schüler Ihren Roman lesen?*

Der Roman hat keine explizite pädagogische Botschaft. Aber ich denke, es ist eine Geschichte, in der Schülerinnen und Schüler Themen wiederfinden, die sie selbst auch beschäftigen – natürlich das Thema Wut, aber auch die Themen dahinter, zum Beispiel die Schwierigkeit, über seine Emotionen zu kommunizieren, und die Verlorenheit, die man fühlen kann, wenn man es nicht tut. Und wenn die eigenen Eltern nicht verlässlich und präsent sind. Und die Frage, wie man Wege finden kann, diese zu überwinden. Ein Aspekt ist auch, sich von dem Gefühl zu verabschieden, dass man ausschließlich Opfer seiner Situation ist. Dass man selbst vieles tun kann, um seine Situation zu verändern.

*Frau Pickel, vielen Dank für das Gespräch.*

Interview: Dr. Peter Schallmayer (Juni 2022)

## FIGURENKONSTELLATION

i.3

Die Figuren sind rund um die treibende Kraft des Geschehens, den Protagonisten, angeordnet.

Die Schriftgröße gibt ihre (diskutable) Bedeutung für den Protagonisten wieder.

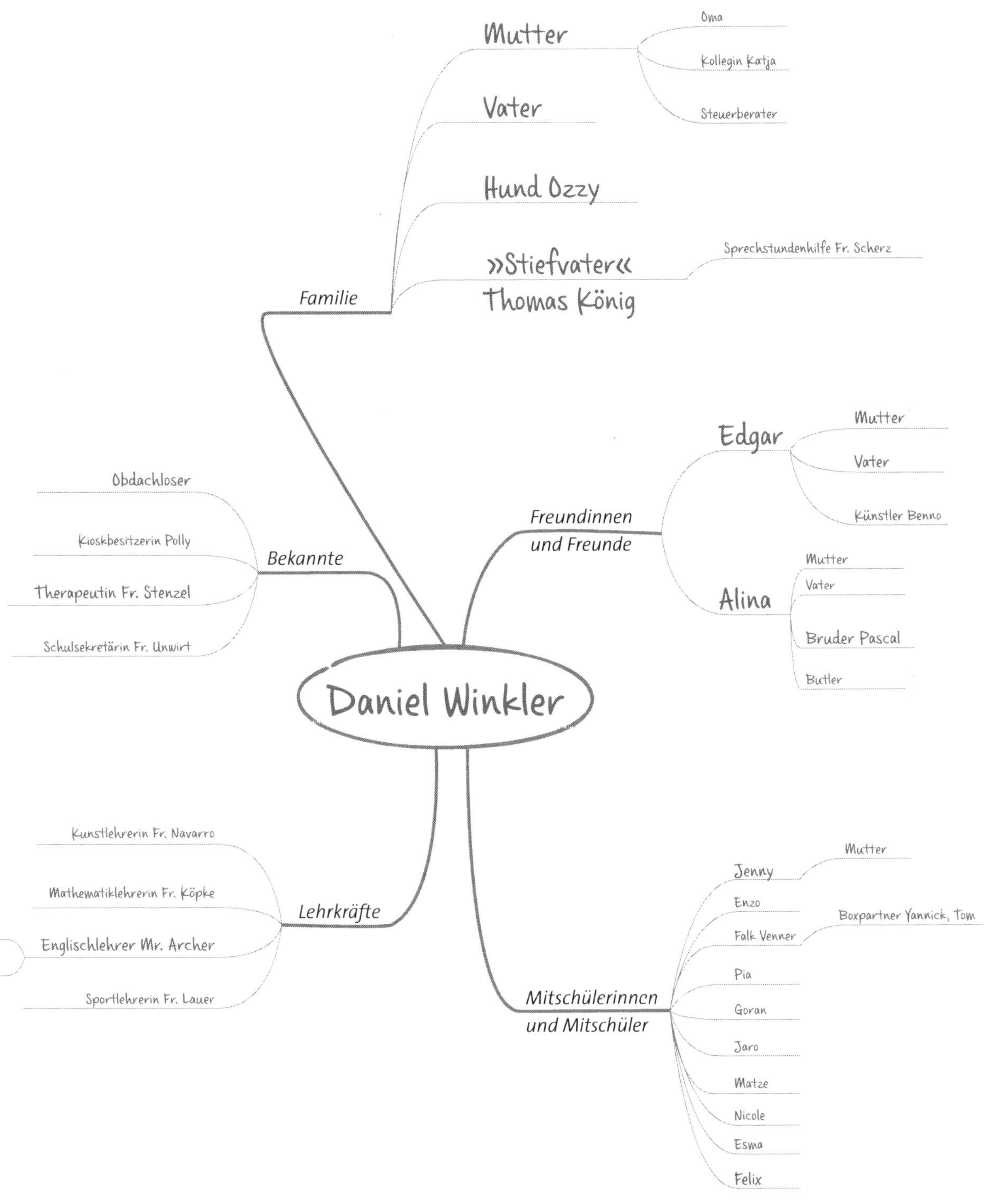

## TABELLARISCHE KAPITELÜBERSICHT

| Kap. | Seite | Erzähltes Geschehen (fett: Kapitelüberschriften) |
|---|---|---|
| | 2 | [Widmung] |
| 1 | 5–12 | 15. Januar 2020. Der 15-jährige Daniel Winkler ist mit seiner Mutter in der Tierarztpraxis von Thomas König. Während der seinen Hund Ozzy einschläfert, weswegen Daniel ihn **Hundemörder** nennt, beginnt er mit der Mutter zu flirten. In einem Wutausbruch zerkratzt Daniel dessen Sportwagen. |
| 2 | 13–15 | Am selben Tag begräbt Daniel seinen Hund im Garten: **Bye-bye, Ozzy**. In einer Vision erscheint ihm sein Vater. Der hatte die Familie verlassen, als Daniel 10 Jahre alt war. |
| 3 | 16–19 | Als Thomas seine Mutter noch am selben Abend zum Date abholt, stehen sich Daniel und er wie Cowboys im Film **Dodge City** gegenüber. Von seinem Freund Edgar erhält er eine Zeichnung von Ozzy, die ihn zu Tränen rührt. |
| 4 | 20–23 | Am nächsten Morgen will Daniel mit Ozzy Gassi gehen, da fällt ihm ein: »**Death = Tod**«. Er betritt die Küche, wo seine Mutter mit Thomas herumturtelt. Überraschenderweise scheint er Daniels Gedanken lesen zu können. |
| 5 | 24–30 | Nachdem Daniel und Edgar am selben Morgen auf Ozzy angestoßen haben, besuchen sie den Mathematikunterricht. Dort werden sie Zeugen einer Auseinandersetzung zwischen ihrer Lehrerin Frau Köpke und ihrer Mitschülerin Alina von Wildern, die sie insgeheim **Princess Evil** nennen. Um Alina ihr Mobbing irgendwann heimzuzahlen, spionieren Daniel und Edgar ihr inzwischen hinterher. |
| 6 | 31–35 | Einige Wochen später will Daniel vor dem Unterricht Alina beobachten. Auf dem Weg zu ihrem Zuhause, einem Schloss, trifft er im Park auf einen Obdachlosen, dessen Hund ihn freudig anspringt. Es kommt zur **Explosion**: In einem neuerlichen Wutausbruch tritt Daniel auf den Hund ein und schubst den Obdachlosen umher. |
| 7 | 36–41 | Nachdem Daniels Mutter vom Vorfall im Park erfahren hat, verdonnert sie ihn zu einem Tag mit Thomas. Sie fahren zu einem verlassenen Parkplatz, über den Daniel überraschenderweise selbst mit **100 Sachen** brettern darf. |
| 8 | 42–48 | Daniel sitzt mit Edgar vor dem Unterricht in Pollys Kioskladen, als sein Freund ihm etwas zeigen möchte. Sie fahren mit dem Zug zum Häuschen des Künstlers Benno, das voller Zeichnungen ist, und verbringen einen Tag mit **Skifahren für Arme**. |
| 9 | 49–52 | Der Vorfall im Park spricht sich allmählich in der Schule herum, auch wenn Thomas den Obdachlosen überraschenderweise von einer Anzeige abgehalten hat. Als Alina dann ihre Mitschülerin Pia mobbt, wollen Daniel und Edgar, obwohl sie sich nicht als **Partymaterial** sehen, doch zur Feier ihres Mitschülers Falk Venner gehen, um Alina im Auge zu behalten. |
| 10 | 53–55 | Daniel steht gerade vor dem Spiegel im Badezimmer, als ihn sein Vater in einer erneuten Vision als **Sohn des Zeus** anspricht. |
| 11 | 56–63 | Auf Falks Feier unterhält sich Daniel gerade mit seiner Mitschülerin Jenny Bluhm, als Alina wie im **Rausch** auftaucht, ihren Bruder Pascal im Schlepptau. |
| 12 | 64–68 | Am Tag nach der Feier wacht Daniel mit einem **Blackout** auf: Woher kommt die Beule an seiner Stirn? Auch wenn ihm übel ist, freut er sich auf die Waffeln, die Thomas, nach kurzem Verschwinden, überraschenderweise zubereitet. |
| 13 | 69–72 | **Mr. Archer und der Tod**: Als Daniels Englischlehrer die Klasse informiert, dass Pascal nach der Feier überfahren wurde, setzen sofort wilde Spekulationen ein. |
| 14 | 73–79 | Daniel geht mit Edgar im Wald spazieren, auch wenn es dafür ziemlich **kalt** ist. Von seinem Freund versucht er zu erfahren, was auf der Feier passiert ist. Als seine Mutter anruft und sagt, dass Thomas verschwunden sei, erleidet Daniel einen neuerlichen Wutausbruch und zertritt Jennys Fahrrad. |
| 15 | 80–83 | Im Kunstunterricht gehen die Spekulationen über Pascals Tod weiter. Dabei tut sich vor allem **Kommissar Venner** hervor, wie ihn seine Mitschülerinnen und Mitschüler nennen. Der behauptet zu Daniels Entsetzen, dass ein Sportwagen involviert gewesen sei. |
| 16 | 84–86 | Zu Hause ertappt Daniel seine Mutter beim Singen. Überraschenderweise scheint Thomas einen positiven Einfluss zu haben, auch wenn die **Statistik** gegen eine dauerhafte Beziehung spricht. |

| Kap. | Seite | Erzähltes Geschehen (fett: Kapitelüberschriften) |
|---|---|---|
| 17 | 87–97 | Mr. Archer fordert Daniel in der Schule dazu auf, Alina die Hausaufgaben vorbeizubringen. Von Edgar ermuntert, die Gelegenheit zum Spionieren zu nutzen, macht er sich auf den Weg zur »Residence Evil«, wie sie Alinas Zuhause insgeheim nennen. Doch wie das Schloss macht auch Alina einen eher ungepflegten Eindruck und so berichtet Daniel, nach einer erneuten Vision, dass nicht alles **Gold** sei, was glänze. |
| 18 | 98–103 | Alina schickt Daniel unverhofft ein Video von Pascal, als Thomas überraschenderweise mit einem Grabstein für Ozzy dasteht. Daniel ist davon ganz eingenommen, bis er zu seinem Entsetzen einen Schaden am Scheinwerfer des Sportwagens bemerkt: **Himmel und Hölle** am selben Tag. |
| 19 | 104–109 | Zu Hause bei Edgar berichtet Daniel von seinem Besuch im Schloss, verschweigt jedoch das Video, weswegen er eine seltsame **Hitze** fühlt. Edgar, der wie besessen an einer Zeichnung arbeitet, möchte Alina weiter hinterherspionieren, doch Daniel zögert. |
| 20 | 110–113 | Nachdem Daniels Mutter vom zertretenen Fahrrad erfahren hat, spricht sie die **rosa Elefanten** im Raum an: Daniels Wutausbrüche müssten aufhören und deswegen solle er jetzt zur Therapeutin Frau Stenzer gehen. |
| 21 | 114–116 | Beim **Laufen** auf dem Sportplatz spricht Jenny Daniel unterschwellig auf ihr zertretenes Fahrrad an. |
| 22 | 117–123 | In der Praxis von Frau Stenzer soll Daniel über seine Wut sprechen. Dabei ist er doch gar **nicht wütend!** Stattdessen hat Daniel eine erneute Vision. |
| 23 | 124–126 | Den Heimweg nimmt Daniel durch den Park, wo er auf den Obdachlosen trifft. Er erfährt, dass sich Thomas überraschenderweise um ihn gekümmert habe, zu seinem Entsetzen aber auch, dass Thomas regelmäßig an Park und Schloss vorbeifahre. Das weckt die **Dämonen** in ihm. |
| 24 | 127–129 | Als Daniel mit Edgar Billard spielt, erhält er eine Nachricht von Alina. Wieder verschweigt Daniel sie, was ihm wie **Lügen** vorkommt. Edgar wiederum versucht ihn dazu zu bewegen, noch einmal bei Alina zu spionieren. |
| 25 | 130–137 | Tags darauf trifft sich Daniel mit Alina an der Unfallstelle. Noch während er befürchtet, dabei von Edgar ertappt zu werden, stößt Alina auf ein **Beweisstück**, das Plastikteil eines Scheinwerfers. |
| 26 | 138–143 | Für den Projekttag kehrt Daniel, einen **Flashback** befürchtend, in die Tierarztpraxis zurück. Die Arbeit macht ihm jedoch Spaß und er muss überraschenderweise feststellen, dass Thomas überaus sanft mit seinen Patienten umgeht. |
| 27 | 144–151 | Daniel schafft es in der Schule nicht, Edgar, der rote Farbe an den Händen hat, vom Treffen mit Alina zu erzählen. Sie beschließen, während des Englischunterrichts Mr. **Archers Auto** zu suchen. In dessen Garage finden sie tatsächlich einen Sportwagen. Daraufhin schreibt Daniel der Polizei eine Nachricht. |
| 28 | 152–157 | Auf der Kirmes erzählt Daniels Mutter die Wahrheit über seinen Vater. Daniels Gefühle fahren **Achterbahn**: Erst hat er eine erneute Vision, in der er seinem Vater allerdings vergeblich hinterherläuft, dann erlebt er einen neuerlichen Wutausbruch. |
| 29 | 158–162 | Wieder erhält Daniel eine Nachricht von Alina. Sie treffen sich auf dem Friedhof, wo Alina Pascal gerade etwas aus dem Roman »**Kaltblütig**« vorliest. Vorsichtig nimmt Daniel sie in den Arm. |
| 30 | 163–166 | Im Unterricht verschweigt Daniel, dass er sich mit Alina getroffen hat. Er fühlt sich wie ein **mieser Verräter**, vor allem, als Edgar ihn, wieder mit roten Händen, umarmt. |
| 31 | 167–168 | Während einer Englischarbeit taucht die Polizei auf und befragt Mr. Archer, was alle ›**very interesting**‹ finden. |
| 32 | 169–171 | In der Praxis von Frau Stenzer soll sich Daniel an seinen Vater erinnern. Also denkt er darüber nach, dass ihn seine Mutter einen Clown genannt hat, was ihn zum ›**son of a clown**‹ mache. Zu Hause hat Daniel eine erneute Vision, weicht seinem Vater darin aber aus. |
| 33 | 172–176 | Beim Frühstück versucht Thomas, Daniel auszuhorchen, bevor er sich zu einem mysteriösen Telefonat zurückzieht. Daniel fühlt sich wie ein **schiefer Turm** und zieht versehentlich Thomas' Jacke an. In deren Tasche findet er zu seinem Entsetzen eine Visitenkarte der Polizei. |
| 34 | 177–183 | Als Daniel im Englischunterricht von Mr. Archer schikaniert wird, hat er eine erneute Vision. Wortlos verlässt er das Klassenzimmer und erinnert sich plötzlich, woher seine Beule stammt. Dann sieht Daniel nur noch **gleißend helle Funken**: In einem neuerlichen Wutausbruch schlägt er seinen Mitschüler Felix. |

| Kap. | Seite | Erzähltes Geschehen (fett: Kapitelüberschriften) |
|---|---|---|
| 35 | 184–187 | Am nächsten Morgen wacht Daniel unter Schmerzen auf. **Bloß weg hier**! Also schickt er Alina eine Nachricht, nimmt Thomas' Sportwagen und fährt mit ihr zu Bennos Häuschen. |
| 36 | 188–198 | In Bennos Häuschen kochen Daniel und Alina Kaffee, fahren Fahrrad und gehen einkaufen. Bei **Feuer** im Kamin kommt es schließlich zum ersten Kuss. |
| 37 | 199–201 | Am nächsten Morgen ist Daniel **hellwach** und fühlt sich erstmals ganz ruhig. Heimlich bringt er das Beweisstück aus Alinas Tasche an sich. |
| 38 | 202–203 | Auf der Rückfahrt fühlt sich Daniel wie **zwischen zwei Teilen** einer Geschichte, bis Alina sich mit einem Kuss von ihm verabschiedet. |
| 39 | 204–205 | Vor dem Haus angekommen, empfängt Daniel eine beunruhigende Zeichnung von Edgar. Das Beweisstück an den Scheinwerfer zu halten und das **Puzzle** damit zu lösen, bringt er nicht über sich. |
| 40 | 206–212 | Auf dem Weg ins Haus begegnet Daniel seiner Mutter an Ozzys Grab. Doch statt ihm Vorwürfe zu machen, beginnt sie unerwartet zu weinen. Daniel fühlt sich wie im Film »**Green Mile**«, als sie sich seit Langem einander öffnen. |
| 41 | 213–214 | Die nächsten drei Tage verbringt Daniel im Bett, da er einfach nur **verschwinden** möchte. |
| 42 | 215–216 | Daniel sucht Pollys Kioskladen auf, wo sie vergeblich auf Edgar **warten**. |
| 43 | 217–230 | Am selben Tag besucht Daniel Edgar zu Hause. Er findet seinen Freund in einem verwahrlosten Zustand vor: Der hatte vergeblich versucht, mit roter Farbe ein Bild von Alina fertigzustellen. Daniel blickt in **Edgars Abgrund**, den abgrundtiefen Hass Alina gegenüber: Wie sonst auch habe sie ihn auf der Feier einfach ignoriert. |
| 44 | 231–234 | Für Jenny kauft Daniel ein gebrauchtes Fahrrad, das er mit **Reparaturen** eigenhändig flottmacht. |
| 45 | 235–252 | Daniel erhält eine Nachricht von Alina. Er beschließt, Thomas wie in einem **Duell** mit dem Verdacht zu konfrontieren. Doch während Thomas aus allen Wolken fällt, erleidet Daniel einen neuerlichen Wutausbruch. Dann klärt ihn Thomas über das Geschehen nach der Feier auf: Daniel sei ausgerastet und habe den Scheinwerfer selbst beschädigt. |
| 46 | 253–255 | Eine Woche nach seinem letzten Besuch ist Daniel wieder in Pollys Kioskladen. Er versöhnt sich mit Edgar und sie beschließen, nach Alina – **let it be** – jetzt Daniels Vater zu ihrem Projekt zu machen. |
| 47 | 256–259 | Als Thomas' Einzug bevorsteht, gibt Daniels Mutter ihm Fotoalben und Videoaufnahmen von früher. Auf einem der Filme ist Ozzy in Aktion zu sehen, was Daniel, der sich kaum noch als **Freak** fühlt, zu Tränen rührt. Das Beweisstück hat er noch immer nicht mit dem Scheinwerfer abgeglichen ... |
|  | 260–261 | [Danksagung] |

# WEITERFÜHRENDE LITERATURHINWEISE

i.5

## Thematisch verwandte Jugendromane

- James Proimos: **12 things to do before you crash and burn.** Weinheim und Basel: Beltz & Gelberg, 2015.
  *Nur Hercules traut sich auf der Trauerfeier auszusprechen, was sein Vater wirklich war: ein Arsch. Zur Strafe muss er zu seinem Onkel reisen und erhält eine Liste mit zwölf Aufgaben. Aber Hercules hat ganz anderes vor: Er will die »Schöne fremde unerreichbare Frau« aus dem Zug wiederfinden. Während er sie sucht, erledigen sich seine Aufgaben fast wie von selbst ...*
  *Ein Buch zum Thema Familienkonflikte.*
- Lea-Lina Oppermann: **Was wir dachten, was wir taten.** Weinheim und Basel: Beltz & Gelberg, 2019.
  *Amokalarm. Eine maskierte Person dringt ins Klassenzimmer ein und diktiert mit geladener Pistole Aufgaben, die erbarmungslos die Geheimnisse aller an die Oberfläche zerren. Arroganz, Diebstähle, Mitläufertum, Lügen – hinter sorgsam gepflegten Fassaden tun sich Abgründe auf. Fiona ist fassungslos, unfähig zu handeln, Mark verspürt Genugtuung und Herr Filler schwankt zwischen Wut und Passivität. Bald sind die Grenzen so weit überschritten, dass es für niemanden mehr ein Zurück gibt ...*
  *Ein Buch zum Thema Wutausbrüche und Mobbing – aus dem Genre Thriller.*
- Andrea Badey und Claudia Kühn: **Strom auf der Tapete.** Weinheim und Basel: Beltz & Gelberg, 2018.
  *Ron Robert hat keinen Plan. Das ist sein Plan. Und er hat ein altes Foto aus der Küchenschublade. Deswegen fahren er und die geheimnisvolle Clara mit dem Schneewittchen zur Wahl der Oderbruchkönigin in ein gottverlassenes Dorf an der polnischen Grenze. Weil Ron Robert wissen will, wer sein Vater ist, und damit sich die Wölfe vom Acker machen ...*
  *Ein Buch zum Thema Freundschaft und erste Liebe.*

## Sachliteratur und Medien für Jugendliche

- Ayse Bosse und Andreas Klammt: **Einfach so weg. Dein Buch fürs Abschiednehmen, Loslassen und Festhalten.** Hamburg: Carlsen, 2018.
  *Jeder darf traurig sein. Viele erleben einen Verlust und werden konfrontiert mit intensivsten Gefühlen von Leere, Angst, Vermissen, Einsamkeit und Wut. Viele haben niemanden, um dies zu teilen. Dieses Buch wurde extra mit Jugendlichen für Jugendliche konzipiert. Mit Kurzgeschichten, Liedtexten, Gedichten, Comics, Kreativ-Seiten und viel Platz für eigene Gedanken.*
- Uta Keseling und Reto Klar: **Unsichtbar. Vom Leben auf der Straße. Obdachlose im Porträt.** Ottersberg: Atelier im Bauernhaus, 2014.
  *Jeden Tag begegnen wir Menschen, die auf der Straße leben – doch meistens schauen wir an ihnen vorbei. Wer sind sie? Was ist ihre Geschichte? Was bedeutet es, obdachlos zu sein? Der Fotograf Reto Klar und die Autorin Uta Keseling führten im Februar 2014 Interviews mit den Gästen der Bahnhofsmission am Bahnhof Zoo in Berlin.*
- **Capote.** United Artists 2005.
  *USA 1959. Truman Capote befindet sich dank seines Romans »Frühstück bei Tiffany« auf der Höhe seines Ruhms. Da liest er eine Notiz in der New York Times: Eine Farmerfamilie ist im ruralen Kansas ermordet worden. Die Geschichte fasziniert den Schriftsteller augenblicklich, er beschließt, das Material zur ersten Non-fiction-Novel zu machen, die Gattung des Tatsachen-Romans zu begründen.*

## Pädagogische und didaktische Literatur für Lehrkräfte

- Birgit Lattschar und Irmela Wiemann: **Schwierige Lebensthemen für Kinder in leicht verständliche Worte fassen. Schreibwerkstatt Biografiearbeit.** Weinheim: Beltz, 2019.
  *Dieser Band ist eine Fundgrube für alle, die mit Kindern arbeiten und leben, die von ihren Herkunftsfamilien getrennt leben. Die Autorinnen leiten konkret an, wie Sachverhalte präzise erklärt werden können. Und sie begründen, wann, warum und wie ein Kind mit schweren Fakten seiner Vorgeschichte konfrontiert werden sollte.*

## Internet-Links

(Stand: Mai 2022)

- **https://www.juliane-pickel.de/**
  *Website der Autorin Juliane Pickel*
- **http://info.mobbing-und-du.de**
  *Website des Anti-Mobbing-Programms »Mobbing&Du – schau hin und nicht zu« der Baden-Württemberg Stiftung und des Universitätsklinikums Heidelberg*

# Lesezeichen und Zeilometer

Dieses Lesezeichen hilft dir, einzelne Textstellen zu finden oder dich mit deinen Mitschülerinnen und Mitschülern über bestimmte Textstellen zu unterhalten: Lege dazu einfach das Zeilometer an den oberen Buchrand. Die Zahlen sind dann die jeweiligen Zeilen. Natürlich kannst du dein Zeilometer auch individuell gestalten.

# Krummer Hund

Das ist Daniel Winklers Geschichte …

**1.** Lies den Romantitel. Welche Bedeutungen fallen dir dazu ein?

**Tipp:** Ziehe dazu ein Nachschlagewerk wie den Duden heran oder auch das digitale Wörterbuch der deutschen Sprache: www.dwds.de (Stand: Juni 2022).

**2.** Beschreibe das Romancover hinsichtlich folgender Aspekte. Worauf könnte sich der Titel beziehen?

**Aspekte:** Ort • Figur • Gegenstände • Farben • Jeweilige Position der Dinge • Bezug der Dinge zueinander • Zusammenspiel von Bild und Text

**3.** Übertrage das Cover in ein Standbild. Was fühlst und denkst du in der Rolle der abgebildeten Figur? Worum könnte es im Roman also gehen und (warum) wäre das gut oder schlecht?

**Methode:** Mit einem **Standbild** kannst du dich in eine Figur hineinversetzen und damit ergründen, was diese Figur gerade fühlt oder denkt. Nimm die Haltung der Figur ein und berichte dann von deinen Gefühlen und Gedanken. Noch realistischer wird es, wenn du dich dazu an einen ähnlichen Ort wie die Figur begibst.

**für Profis:** Suche einen ähnlichen Ort auf wie die Figur, zum Beispiel einen Baum im Schulhof oder einen Wald bei der Schule. Verändern sich deine Gefühle und Gedanken? Falls ja, wie?

**4.** Entwirf einen Klappentext zum Roman und vergleiche ihn mit dem Original. Welcher Text ist (warum) besser gelungen?

**Info:** Der Klappentext eines Romans gibt erste Hinweise zum Schauplatz, zu den Figuren und zur Handlung. Er ist kurz gehalten und spannend geschrieben. Davor steht oft ein Zitat aus dem Roman und danach kommt häufig der Kommentar einer berühmten Persönlichkeit zum Roman.

**Tipp:** Du kannst deinen Klappentext später auf die Rückseite deiner Lektüre kleben.

**5.** Schneide das Zeilometer aus (→ **k.1**) und lege eine Lesetabelle an.

# Hundemörder

**1.** Verbinde folgende Sätze sinnvoll miteinander. Bringe sie in die richtige Reihenfolge und schreibe sie so in dein Heft.

für Profis: Ergänze die fehlenden Zeilenangaben.

| | |
|---|---|
| »Danny«, seufzt | und tot auf dem kalten Metalltisch. (S. 6, Z. ______ ) |
| »Wie alt bist du?«, fragt | kurz bevor er weg ist damals. (S. 6, Z. ______ ) |
| Bei Mathe weiß man | es meine »Anfälle«. (S. 10, Z. ______ ) |
| Billard ist | sie dramatisch. (S. 14, Z. 2–3 ) |
| Er hat ihn mir geschenkt, | er mich. […] »Fünfzehn«, sage ich. (S. 22, Z. ______ ) |
| Ich schlottere in | immer, woran man ist. (S. 24, Z. ______ ) |
| Ich stelle mir vor, wie die | 9 B Schlange am Schloss steht. (S. 70, Z. ______ ) |
| Mein Hund [ … liegt] jetzt groß | meiner Winterjacke. (S. 73, Z. ______ ) |
| Meine Mutter nennt | mein Spezialgebiet. (S. 127, Z. ______ ) |
| Müsste ich nicht wissen, was ich | mit meinem Leben anfangen will? (S. 141, Z. ______ ) |

**2.** Beschreibe den Protagonisten in einem Figureninterview. Wie wirkt er auf dich? Schreibe in dein Heft.

Wie heißt du?

Daniel Winkler.

Wie lautet dein Spitzname?

…

**3.** Übertrage Daniels Beschreibung seiner Wutausbrüche in eine Bilderfolge in dein heft.

Lege deinen Bildern folgende Gliederung zugrunde: Bild 1: S. 10, Z. 22–24, Bild 2: S. 10, Z. 24–29, Bild 3: S. 10, Z. 29 – S. 11, Z. 10, Bild 4: S. 11, Z. 10–13. Konzentriere dich beim Zeichnen auf das jeweils erwähnte Körperteil.

**4.** Entscheide mithilfe folgender Zitate, wann (warum) Daniels Wutausbruch beginnt und wann (warum) er endet.

> Ich hasse beide dafür, dass sie über Sushi reden, während mein Hund, der gerade noch ein richtiger Hund war […]. (S. 6, Z. 6–10)

> Von weit oben sehe ich mir zu, wie ich den Schlüssel aus der Tasche hole […]. Wie ich erst mit leichtem, dann mit immer festerem Druck […]. (S. 11, Z. 26 – S. 12, Z. 3)

# Dodge City

**1.** Vervollständige folgenden Lückentext mit den Wörtern im Wortspeicher. Schreibe in dein Heft.

15. Januar 2020. Der 15-jährige Daniel Winkler ist mit ____ in der Tierarztpraxis von ____. Während der ____ einschläfert, weswegen Daniel ihn Hundemörder nennt, beginnt er mit der Mutter zu flirten. In einem Wutausbruch zerkratzt Daniel ____. Am selben Tag begräbt Daniel seinen Hund im ____: Bye-bye, Ozzy. In einer Vision erscheint ihm ____. Der hatte die Familie verlassen, als Daniel zehn Jahre alt war. Als Thomas seine Mutter noch am selben Abend zum ____ abholt, stehen sich Daniel und er wie Cowboys im ____ »Dodge City« gegenüber. Von seinem Freund Edgar erhält er eine ____ von Ozzy, die ihn zu Tränen rührt. Am nächsten Morgen will Daniel mit Ozzy Gassi gehen, da fällt ihm ein: »Death = Tod«. Er betritt die Küche, wo ____ mit ____ herumturtelt. Überraschenderweise bereitet er Daniel ein braunes, aber wohltuendes ____ zu.

**Wortspeicher:** ~~Daniel Winkler~~ • Date • Film • Garten • Gebräu • sein Vater • seine Mutter • seinen Hund Ozzy • seinen Sportwagen • seiner Mutter • Thomas • Thomas König • Zeichnung

**2.** Erkläre, wer Ozzy ist und was er Daniel bedeutet.

für Profis: Stelle fest, welche Stilmittel die Autorin verwendet, wenn sie über Ozzy schreibt. Ziehe dazu folgende Seiten heran: S. 6 f., S. 9 und S. 259.

Tipp: Es handelt sich um Metapher (Übertragung einer Situation auf eine andere), Symbol (Veranschaulichung von etwas Abstraktem) und Vergleich (Verbindung zweier Dinge mit ›wie‹).

**3.** Stelle Daniels Mutter und Thomas König einander gegenüber. Welchen Eindruck machen sie jeweils auf dich?

Ziehe dazu folgende Textstellen heran: S. 8 f. (Mutter), S. 22 f. (Thomas).

**4.** Prüfe mithilfe folgender Kärtchen das Verhältnis zwischen Daniel und den drei weiteren Figuren. Male dazu die Pfeile wie folgt aus: rot für ein schlechtes Verhältnis, grün für ein gutes Verhältnis, rot und grün bei einem Unentschieden. Warum passt dazu das Lied »So Lonely« von The Police (S. 21)?

| Daniel | Mutter | Vater | Thomas |
|---|---|---|---|

Am liebsten würde ich ihm […] dabei zusehen, wie er auf dem kalten Metalltisch krepiert. (S. 8)

Ich wünsche mir plötzlich so sehr, dass mein Vater da ist. (S. 14)

Manchmal wünschte ich, dass meine Mutter sich damals vom Acker gemacht hätte. (S. 22)

Meine Mutter wird mir später sagen, dass ich mit meiner Verschlossenheit die Männer vertreibe. (S. 8)

Ich warte darauf, dass er mich ansieht und etwas zu mir sagt, aber da ist er schon wieder weg. (S. 15)

Der Doc stellt mir ein Glas mit einer rotbraunen Flüssigkeit hin und mustert mich kurz. (S. 22)

# Princess Evil (1)

**1.** Markiere die Fehler in folgenden Zitaten und verbessere sie.

| Zitat | Verbesserung |
| --- | --- |
| Sie trägt ein rotes Kleid. (S. 60) | schwarzes |
| Seine Haare haben einen Undercut. (S. 18) | |
| Mit seiner krassen Brille […] sieht er großartig aus. (S. 18) | |
| Ihr Gesicht ist dunkelrot geschminkt. (S. 60) | |
| Ihre Haare sind zur Seite gekämmt, wie Edgars, nur schöner natürlich, außerdem wippen sie irgendwie. (S. 60) | |
| Ich erkenne ihn an seiner braunen Mütze. (S. 34) | |
| Für eine Sekunde sieht es so aus, als wäre um ihre Schultern so eine glänzende Aura aus transparentem Silber. (S. 60) | |

**2.** Zeichne mithilfe einer Figureneinkleidung Edgar und Alina.

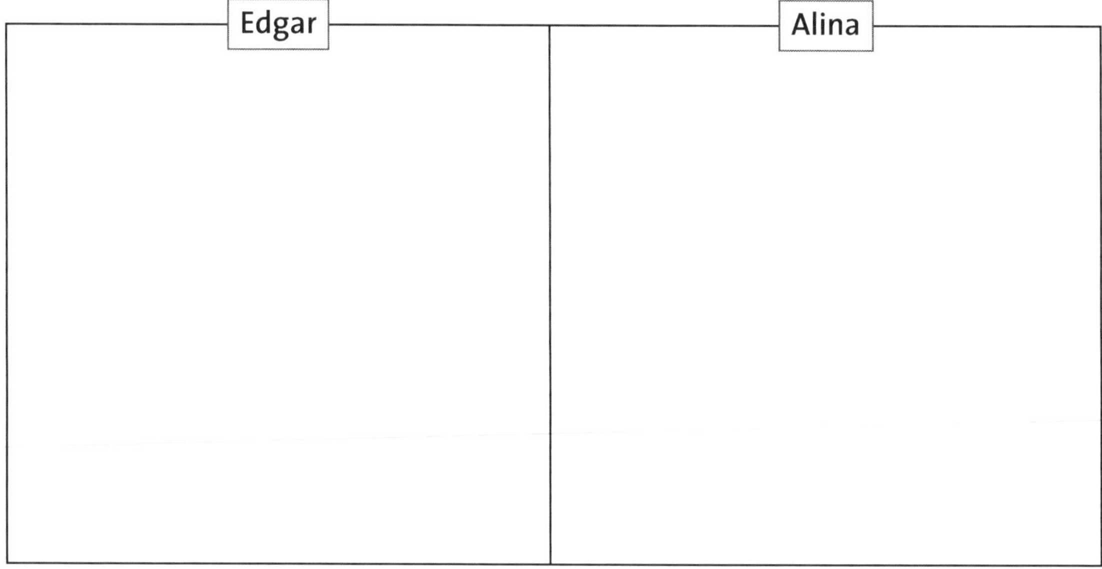

Mit einer **Figureneinkleidung** kannst du dir Figuren besser vorstellen. Übertrage die Beschreibungen im Text in Darstellungen als Bild. Achte besonders auf Aussehen und Kleidung der Figuren.

# Princess Evil (2)

**3.** Beschrifte folgendes Pfeildiagramm mit den Figurenbeziehungen. Worauf verweisen die Spitznamen und mit wem wolltest du da (nicht) befreundet sein?

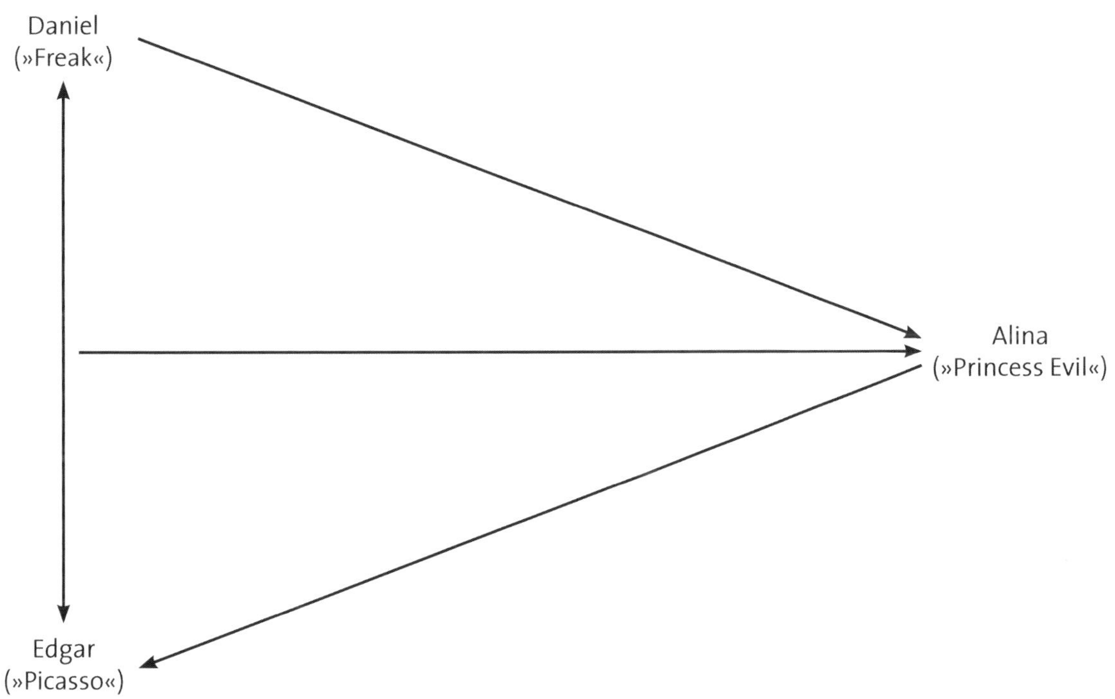

**Tipp:** Ziehe dazu folgende Textstellen heran: S. 29 (Daniel/Edgar und Alina), S. 30 (Alina/Daniel), S. 226 (Alina/Edgar).

**für Profis:** Übertrage Edgars und Daniels Ausflug zu Bennos Häuschen in ein Tagesprotokoll. Wie kommt Freundschaft hier besonders zum Ausdruck?

**4.** Analysiere mithilfe einer Placemat Alinas Verhalten.

a) Wie sieht das Mobbing von Alina aus?

b) Welche Auswirkungen hat es auf Jenny und Enzo?

c) Was wollen Daniel und Edgar dagegen tun?

d) Warum macht Alina das überhaupt?

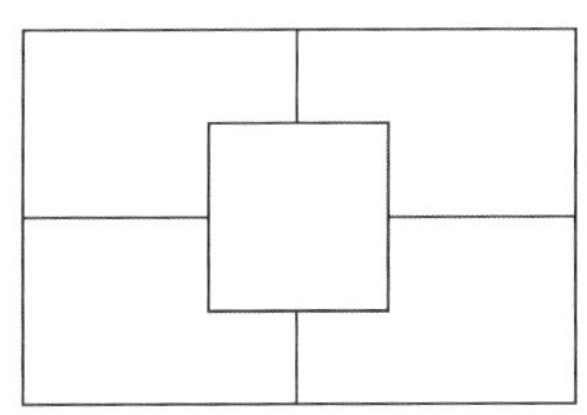

**Methode:** Mit einer **Placemat** kannst du Dinge einzeln erarbeiten und gemeinsam auswerten. Setzt euch zu viert um ein DIN-A3-Blatt. Notiere zuerst deine eigenen Gedanken in deiner Ecke des Blattes. Dreht dann das Blatt im Uhrzeigersinn und verschafft euch einen Überblick über alle Ergebnisse. Diskutiert schließlich die Ergebnisse und haltet euer Fazit in der Mitte des Blattes fest. Zieht folgende Textstellen heran: S. 25–30, S. 196 f.

**Tipp:** Diskutiert in der Klasse, wie eure Schule mit Mobbing umgeht oder umgehen könnte.
Informationen zu einem Anti-Mobbing-Programm findet ihr im Internet auf: info.mobbing-und-du.de (Stand: Juni 2022).

# Blackout

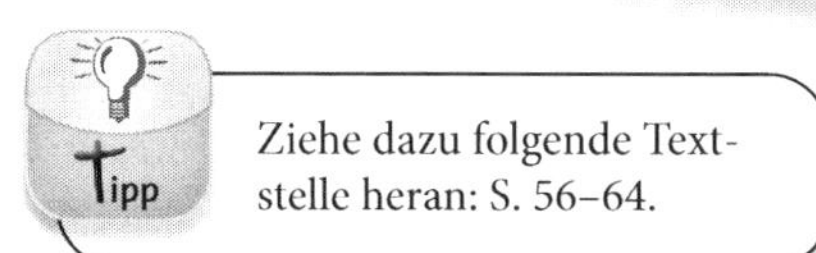


**1.** Bringe folgende Ereignisse in die richtige Reihenfolge.
Wärst du auch gerne auf der Party gewesen? Falls ja, warum?

Tipp: Ziehe dazu folgende Textstelle heran: S. 56–64.

| Ereignis | Nummer |
|---|---|
| Alina taucht wie eine Erscheinung auf. | |
| Daniel wacht mit Kopfschmerzen zu Hause auf. | |
| Edgar kommt zu Daniel nach Hause. | 1 |
| Edgar und Daniel tanzen zu Pop-Musik. | |
| Hinter Alina geht ein unbekannter Junge her. | |
| Jenny erkennt im Jungen Alinas Bruder Pascal. | |
| Sie gehen auf Falk Venners Party. | |
| Sie glühen im Wohnzimmer vor. | |

**2.** Bearbeite eine der folgenden Aufgaben in deinem Heft.

a) Lies das Kapitel »Blackout«. Was könnte in der Partynacht passiert sein?

b) Lies das Kapitel »Mr. Archer und der Tod«. Was ist in der Partynacht passiert?

**3.** Stelle die weiteren Enthüllungen nach dem Unfall in einer Fieberkurve dar. Welche Gefühle hat Daniel jeweils?

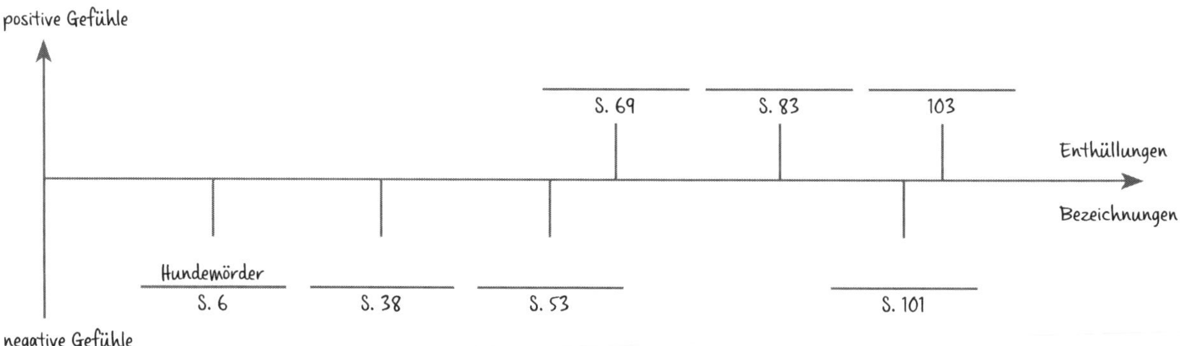


**4.** Prüfe anhand von Daniels Bezeichnungen für Thomas, wie sich ihr Verhältnis verändert. Übertrage deine Ergebnisse ebenfalls in die Fieberkurve und zeichne die Beziehungskurve mit einer anderen Farbe.

Vergleiche die beiden Fieberkurven miteinander. Warum ist Seite 103 besonders dramatisch oder beinhaltet einen Wendepunkt?

# Feuer

Daniel verliebt sich in Alina und ermittelt mit ihr in Sachen Unfall …

**1.** Beschrifte folgende Grafik damit, wie sich Alina verändert. Wie hättest du an Daniels Stelle auf Alina im Schloss reagiert?

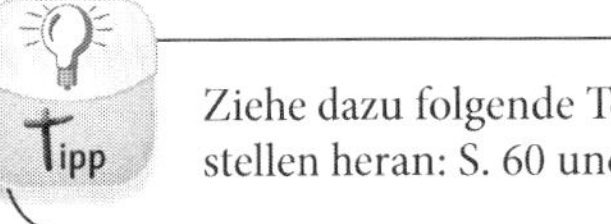

Tipp: Ziehe dazu folgende Textstellen heran: S. 60 und S. 93.

vor dem Unfall auf der Party | nach dem Unfall im Schloss

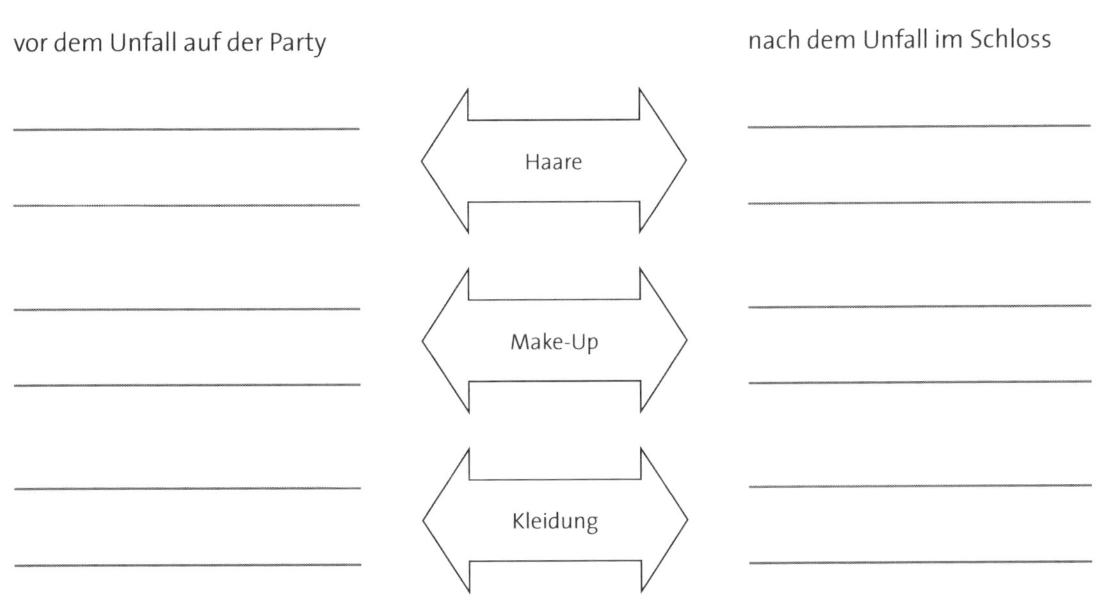


**2.** Gib die Schauplätze an, wo sich Daniel und Alina außerhalb der Schule treffen. Wie kommen sich die beiden dabei näher?

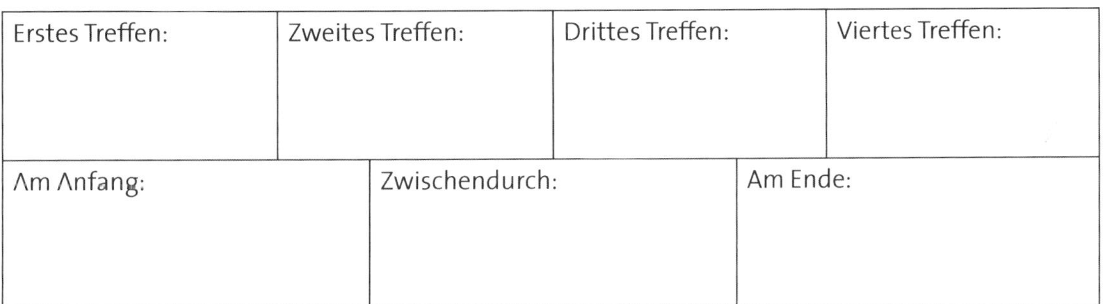

| Erstes Treffen: | Zweites Treffen: | Drittes Treffen: | Viertes Treffen: |
| --- | --- | --- | --- |
| | | | |

| Am Anfang: | Zwischendurch: | Am Ende: |
| --- | --- | --- |
| | | |

Tipp: Ziehe dazu folgende Textstellen heran: S. 92, S. 131, S. 159, S. 195 (Schauplätze); S. 35, S. 161, S. 197 (Näherkommen).

für Profis: Erkläre, wie sich Daniels Annäherung auf seine Freundschaft mit Edgar auswirkt. Ziehe dazu folgende Textstellen heran: S. 127, S. 163, S. 187.

**3.** Stelle dir vor, Daniel würde seit der Party ein Ermittlungstagebuch führen, um alles rund um den Unfall aufzuschreiben. Erstelle seinen Eintrag nach einem der folgenden Kapitel:

a) »Dämonen« b) »Beweisstück« c) »Archers Auto« d) »Hellwach«

**4.** Nimm (mit Blick auf Daniel und Alina bzw. Daniel und Thomas) Stellung zu folgender Aussage:

Geht es um die Liebe? Du weißt doch, dass sie uns nur davon abhält, die Dinge zu sehen, wie sie wirklich sind. (S. 27)

# Puzzle

Daniel nähert sich seiner Mutter und entfernt sich von seinem Vater …

Ziehe dazu folgende Textstelle heran: S. 13, S. 101, S. 256.

**1.** Beantworte folgende Fragen. Wie verstehst du die Körpersprache jeweils?

Welche Körperhaltung zeigt Daniels Mutter,

… als Daniel Ozzy begräbt?

______________________________

… als Thomas den Grabstein setzt?

______________________________

… als sie und Daniel Thomas' Einzug vorbereiten?

______________________________

**2.** Markiere im Kapitel »Green Mile« mit unterschiedlichen Farben, was Daniels Mutter und was Daniel sagen, und lies sie mit verteilten Rollen vor. Worin liegt der Wendepunkt in ihrer Beziehung?

Versetze dich in Daniel und beantworte folgende Frage seiner Mutter in einem Monolog: »›Dann verrat es mir doch, Danny! Warum machst du diese Sachen? Warum musst du Dinge kaputt machen? Warum schlägst du Menschen? Warum bist du so unglaublich wütend?‹« (S. 211)

**3.** Vergleiche in folgendem Schaubild Daniels Visionen. Was verändert sich und worin liegen die Gründe für diese Veränderung?

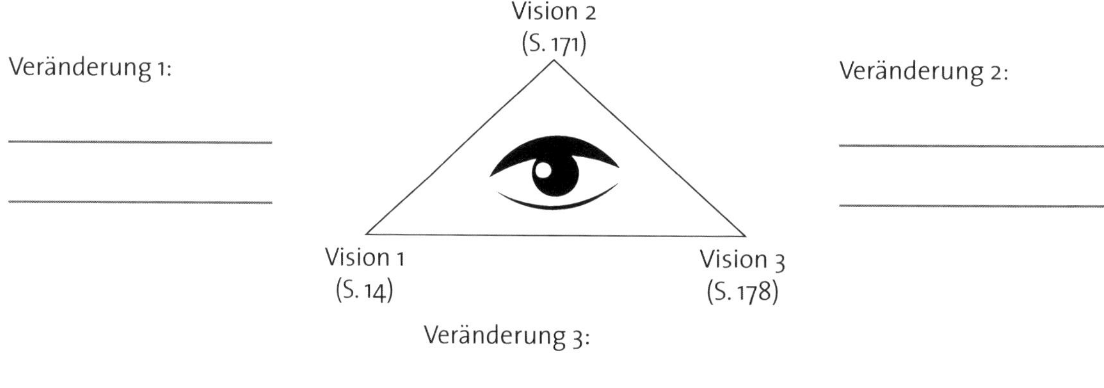


**4.** Entwirf eine Fortsetzung des Kapitels »Duell«, in dem Daniel und Thomas das Beweisstück tatsächlich mit dem Scheinwerfer abgleichen. War Thomas der Fahrer oder nicht?

»Wir können jetzt zusammen zu meinem Auto gehen«, sagt der Doc. Seine Stimme ist fest. »Wir können dieses Plastikteil, das du da hast, an den Scheinwerfer halten.« …

# Krummer Hund II

**1.** Lies den Romantitel und betrachte das Cover. Würdest du sie ändern? Falls ja, warum?

**2.** Zeige mithilfe folgender Definition, inwiefern dem Roman das Motiv des (Stief-)Vater-Sohn-Konflikts zugrunde liegt. Ist der Konflikt am Ende gelöst? Falls ja, warum?

> **Vater-Sohn-Konflikt, der:** Es handelt sich hier um einen Machtkampf zwischen Alt und Jung. Dabei trägt die Liebe des Sohns zur Mutter oft zur Verschärfung der Situation bei. Dennoch kämpfen Vater und Sohn meistens nicht um die Liebe der Mutter, sondern der Sohn verteidigt oder ›beschützt‹ die Mutter vor dem Vater. Natürlich können nicht nur Menschen den Konflikt verursachen oder verschlimmern, sondern auch Ereignisse und Vorkommnisse.

Erkläre, warum Daniel auch den Spitznamen »Sohn des Zeus« trägt. Recherchiere dazu die mythologische Figur des Perseus. Mehr Informationen findest du im Internet zum Beispiel auf: dewiki.de/Lexikon/Perseus_(Sohn_des_Zeus) (Stand: Juni 2022).

**3.** Recherchiere die Merkmale eines Krimis und eines Thrillers. In welches Genre gehört der Roman?

| Merkmale eines Krimis | Merkmale eines Thrillers |
| --- | --- |
| • | • |
| • | • |
| • | • |
| • | • |
| • | • |

Mehr Informationen über die Genres findest du im Internet zum Beispiel auf: praxistipps.focus.de/unterschied-zwischen-krimi-und-thriller-das-muessen-sie-wissen_127245 (Stand: Juni 2022).

**4.** Bewerte den Roman mit der Fünf-Finger-Methode.

Die **Fünf-Finger-Methode** ist eine Methode, mit der ein schnelles Feedback möglich wird. Hebt reihum eine Hand und gebt pro Finger eure Meinung zu bestimmten Kriterien ab. Daumen: *Das fand ich top*; Zeigefinger: *Darauf möchte ich hinweisen*; Mittelfinger: *Das hat mir gestunken*; Ringfinger: *Das war besonders berührend*; kleiner Finger: *Das kam mir zu kurz.*

# Lösungsvorschläge

k.2

1. wörtliche vs. übertragene Bedeutung
2. Position der Dinge = Kadrierung, Bezug der Dinge = Komposition

k.3

1. PROFI: Mein Hund [... liegt] jetzt groß und tot auf dem kalten Metalltisch. (S. 6, Z. 7 f.)
   Er hat ihn mir geschenkt, kurz bevor er weg ist damals. (S. 6, Z. 30)
   Meine Mutter nennt es meine »Anfälle«. (S. 10, Z. 19 f.)
   »Danny«, seufzt sie dramatisch. (S. 14, Z. 2 f.)
   »Wie alt bist du?«, fragt er mich. [...] »Fünfzehn«, sage ich. (S. 22, Z. 22–25)
   Bei Mathe weiß man immer, woran man ist. (S. 24, Z. 18)
   Ich stelle mir vor, wie die 9 B Schlange am Schloss steht. (S. 70, Z. 21)
   Billard ist mein Spezialgebiet. (S. 127, Z. 16)
   Müsste ich nicht wissen, was ich mit meinem Leben anfangen will? (S. 141, Z. 7 f.)
2. → u.3/Figuren
3. Körper unter Wasser, Gas im Bauch, Explosion im Kopf, Faustschlag
4. → u.3/Themen

1. Daniel Winkler, seiner Mutter, Thomas König, seinen Hund Ozzy, seinen Sportwagen, Garten, sein Vater, Date, Film, Zeichnung, seine Mutter, Thomas, Gebräu
   PROFI: → u.3/Stilmittel
2. desinteressiert, unaufmerksam vs. interessiert, fürsorglich
3. → u.3/Figuren

1. keine Frisur, schräg, Mund, glatt nach hinten/glitzern, grünen, Gold
2. → u.3/Figuren
3. → u.3/Figuren
   PROFI: Einweihung in ein Geheimnis
4. → u.3/Themen

1. 1 Edgar kommt zu Daniel nach Hause.
   2 Sie glühen im Wohnzimmer vor.
   3 Sie gehen auf Falk Venners Party.
   4 Edgar und Daniel tanzen zu Pop-Musik.
   5 Alina taucht wie eine Erscheinung auf.
   6 Hinter Alina geht ein unbekannter Junge her.
   7 Jenny erkennt im Jungen Alinas Bruder Pascal.
   8 Daniel wacht mit Kopfschmerzen zu Hause auf.
2. Blackout: Beule verdächtig, Mr. Archer und der Tod: Unfall geschehen
3. Unfall (S. 69), Ahnung (S. 83), Verdacht (S. 103)
4. Hundemörder (S. 6), Aushilfsvater (S. 38), Hausbesetzer (S. 53), Thomas (S. 101)
   PROFI: Wendepunkt in Daniels Annäherung an Thomas (langsam Vertrauen gefasst und plötzlich Verdacht geschöpft)

1. → u.3/Figuren
2. → u.3/Figuren
   PROFI: → u.3/Figuren

1. Arme verschränkt, Arme auf Schultern, Umarmung
2. Aussprache als Wendepunkt
3. → u.3/Themen

2. → u.3/Motive
   PROFI: → u.3/Sprache
3. → u.3/Erzähltechnik